M.-H. Morsel

L'EXPRESSION FRANÇAISE

écrite et orale

Corrigé des exercices

Presses Universitaires de Grenoble

© Presses Universitaires de Grenoble
BP 47 – 38040 Grenoble cedex 9
Tél. : 04 76 82 56 51 – Fax : 04 76 82 78 35
e-mail : pug@pug.fr   www.pug.fr

ISBN 2 7061 1055 4

Conseils aux utilisateurs

L'ouvrage que nous présentons aujourd'hui est le complément de L'Expression française écrite et orale *(sixième édition revue et augmentée de 2002).*

Si dans un premier temps notre projet a été de faciliter la tâche des enseignants (et en particulier des professeurs de français étrangers), nous avons voulu également répondre à l'attente de nombreux étudiants amenés à travailler seuls. Nous avons voulu mettre entre leurs mains un véritable outil de travail donnant accès à une autocorrection systématique de chaque exercice.

Nous attirons l'attention des professeurs sur le fait que l'Expression Française est une démarche complète d'enseignement du français. En effet, non seulement la progression a été minutieusement étudiée, mais à l'intérieur de chaque chapitre, les exercices ont été combinés pour constituer une unité, avec des travaux oraux, des travaux écrits, des exercices individuels et collectifs. L'acquisition lexicale de chaque chapitre a également été mesurée. Enfin les textes ont été choisis en nombre suffisant pour compléter la leçon de grammaire et éviter aux professeurs la longue recherche de textes complémentaires. La méthode est donc un ensemble dont chaque exercice vient en complément des autres et il nous paraîtrait regrettable d'isoler un ou deux exercices pour les donner à une classe.

Dans L'Expression Française *figurent également des exercices créatifs pour lesquels les élèves doivent être disposés en petits groupes et produire un travail élaboré en commun. Les données de la pédagogie contemporaine pour le FLE ont montré la nécessité et l'importance de ce « moment » dans la classe de langue, car il permet une création immédiate dont le groupe est l'auteur et un échange entre les participants. Ces exercices font partie de l'ensemble d'un chapitre et ne doivent pas être négligés.*

Enfin, nous voulons préciser que cette méthode n'est pas utilisable dans les classes de faux-débutants ni de Niveau I. Elle s'adresse à des étudiants au moins de Niveau II et au-delà. La richesse lexicale et le passage fréquent à différents niveaux de langue la rendent inaccessible (et par là même décourageante) à des étudiants n'ayant pas une certaine pratique du français. En ce qui concerne les classes de français langue maternelle, elle convient aux classes de 5e, 4e et peut-être 3e s'il y a des lacunes à combler.

Nous souhaitons que ce livre soit une aide efficace pour nos collègues et qu'il apporte une pierre de plus dans l'édification de l'enseignement du français langue étrangère et maternelle.

Malgré tout le soin que nous avons pris, des fautes ont pu nous échapper. Que les lecteurs veuillent bien nous les signaler, et nous excuser.

La ponctuation

Exercice 1 – p. 10

Barbara
Jacques Prévert, *Paroles*, © Éditions Gallimard

Rappelle-toi, Barbara!
Il pleuvait sans cesse sur Brest, ce jour-là,
Et tu marchais, souriante,
Épanouie, ravie, ruisselante
Sous la pluie.
Rappelle-toi, Barbara!
Il pleuvait sans cesse sur Brest
Et je t'ai croisée, rue de Siam;
Tu souriais
Et moi je souriais de même.
Rappelle-toi, Barbara!
Toi que je ne connaissais pas;
Toi qui ne me connaissais pas;
Rappelle-toi,
Rappelle-toi quand même ce jour-là,
N'oublie pas!
Un homme sous un porche s'abritait
Et il a crié ton nom,
Barbara!
Et tu as couru vers lui, sous la pluie,
Ruisselante, ravie, épanouie
Et tu t'es jetée dans ses bras,
Rappelle-toi cela, Barbara!
Et ne m'en veux pas si je te tutoie: (;)
Je dis « tu » à tous ceux que j'aime;
Même si je ne les ai vus qu'une seule fois,
Je dis « tu » à tous ceux qui s'aiment,
Même si je ne les connais pas.
Rappelle-toi, Barbara!
N'oublie pas
Cette pluie sage et heureuse,
Sur ton visage heureux,
Sur cette ville heureuse,
Cette pluie sur la mer,
Sur l'arsenal,
Sur le bateau d'Ouessant
Oh! Barbara!
Quelle connerie la guerre!
Qu'es-tu devenue maintenant,
Sous cette pluie de fer,
De feu, d'acier, de sang?
Et celui qui te serrait dans ses bras
Amoureusement,

Est-il mort, disparu, ou bien encore vivant?
Oh! Barbara!
Il pleut sans cesse sur Brest
Comme il pleuvait avant,
Mais ce n'est plus pareil
Et tout est abîmé;
C'est une pluie de deuil, terrible et désolée.
Ce n'est même plus l'orage
De fer, d'acier, de sang.
Tout simplement des nuages
Qui crèvent comme des chiens,
Des chiens qui disparaissent,
Au fil de l'eau sur Brest
Et vont pourrir au loin,
Au loin très loin de Brest,
Dont il ne reste rien…

Pour faire le portrait d'un oiseau
Jacques Prévert, *Paroles*, © Éditions Gallimard

Peindre d'abord une cage
avec une porte ouverte.
Peindre ensuite
quelque chose de joli,
quelque chose de simple,
quelque chose de beau,
quelque chose d'utile
pour l'oiseau.
Placer ensuite la toile contre un arbre
dans un jardin,
dans un bois
ou dans une forêt.
Se cacher derrière l'arbre,
sans rien dire,
sans bouger…
Parfois l'oiseau arrive vite
mais il peut aussi bien mettre de longues années
avant de se décider.
Ne pas se décourager.
Attendre.
Attendre s'il le faut pendant des années,
la vitesse ou la lenteur de l'arrivée de l'oiseau
n'ayant aucun rapport
avec la réussite du tableau.
Quand l'oiseau arrive,
s'il arrive,
observer le plus profond silence;
attendre que l'oiseau entre dans la cage
et, quand il est entré,
fermer doucement la porte avec le pinceau,
puis,

effacer un à un tous les barreaux
en ayant soin de ne toucher aucune des plumes de l'oiseau.
Faire ensuite le portrait de l'arbre
en choisissant la plus belle de ses branches
pour l'oiseau.
Peindre aussi le vert feuillage et la fraîcheur du
vent,
la poussière du soleil
et le bruit des bêtes de l'herbe dans la chaleur
de l'été;
et puis attendre que l'oiseau se décide à chanter.
Si l'oiseau ne chante pas,
c'est mauvais signe;
signe que le tableau est mauvais.
Mais s'il chante, c'est bon signe;
signe que vous pouvez signer.
Alors vous arrachez, tout doucement,
une des plumes de l'oiseau
et vous écrivez votre nom
dans un coin du tableau.

Exercice 2 – p. 12

Vers onze heures et demie, un beau jour de soleil, Gervaise et Coupeau l'ouvrier zingueur mangeaient ensemble une prune à l'Assommoir du père Colombe. Coupeau, qui fumait une cigarette sur le trottoir, l'avait forcée à entrer. Comme elle traversait la rue, revenant de porter du linge, son grand panier carré de blanchisseuse était par terre, près d'elle, derrière la petite table de zinc. « Oh! c'est vilain de boire, dit-elle à demi-voix. » Elle raconta qu'autrefois, avec sa mère, elle buvait de l'anisette à Plassans; mais elle avait failli en mourir un jour, et ça l'avait dégoûtée; elle ne pouvait plus voir les liqueurs. « Tenez, ajouta-t-elle en montrant son verre, j'ai mangé ma prune; seulement je laisserai la sauce parce que ça me ferait mal. » Coupeau, lui aussi, ne comprenait pas qu'on pût avaler de pleins verres d'eau de vie.

Structure de la phrase française

Exercice 1 – p. 14

Exercice de créativité.

Exercice 2

Exercice de créativité.

Exercice 3

1. L'opéré du cœur a recouvré la santé au bout de huit jours. — 2. L'opposition a proféré des injures et des menaces sur les bancs de l'assemblée. — 3. Le juge Martin a prononcé la peine de réclusion criminelle à vie contre l'assassin. — 4. Le week-end dernier, des actes criminels ont été perpétrés sur des personnes âgées. — 5. Une erreur et une injustice ont été commises dans le choix du chef de l'entreprise. — 6. Le gouvernement a opéré un changement de cap. — 7. Le Président a décidé de façon

irrévocable de remettre en cause le traité. — 8. Une mère abandonnée a entrepris un procès contre un mari indigne. — 9. Le verglas a provoqué (des) dérapages et (des) accidents en série sur les routes. — 10. Un climat de confiance nouveau vient d'être instauré dans les négociations pétrolières. — 11. Un parti d'avenir a été fondé sur des bases politiques anciennes. — 12. La commission du Sénat va élaborer un programme économique pour cinq ans.

Exercice 4 – p. 15

Propositions de phrases complexes parmi d'autres.
Remarque: cet exercice faisant appel à de multiples difficultés grammaticales (articles, pronoms relatifs, temps du passé, relations logiques) il peut être fait lorsque ces divers points seront acquis.

1. Après son accident (ayant eu un accident), l'institutrice a remercié ses élèves qui lui avaient envoyé des fleurs. (de lui avoir envoyé des fleurs).
2. Je mets toujours sur mon divan ce coussin fait par ma mère d'après le modèle qu'elle avait vu dans un magazine.
3. Faute de moyens suffisants, les petits exploitants doivent former des coopératives pour acheter les machines dont ils ont besoin.
4. Une sacoche sur l'épaule, le facteur vend des calendriers tout en distribuant le courrier.
5. Comme le temps me faisait défaut et que je n'en avais pas les moyens, je n'ai pas pris de vacances dont j'avais pourtant grand besoin.
6. Alors que j'étais en train de changer une roue, j'ai fait sur mon manteau que je venais d'acheter une tache de cambouis indélébile.
7. Dans la rue animée où j'habite, il y a de nombreux magasins dont les vitrines restent illuminées tard dans la soirée.
8. Les étudiants originaires de tous les pays du monde qui viennent d'arriver à Paris, sont désireux d'apprendre la langue française.
9. L'ami dont je vous avais déjà parlé, est venu me voir alors que j'étais en vacances si bien qu'il a dû glisser sous ma porte un mot dans lequel il exprimait ses regrets.
10. Ce film que je suis allé voir sur le conseil de ma cousine et dont plusieurs personnes m'avaient parlé, ne m'a pas déçu.

La nominalisation

Exercice 1. – p. 18

1. Une camionnette a été volée au marché de gros. — 2. Un nouveau département a été récemment créé en Corse. — 3. Le taux du SMIC sera (a été) relevé de 6 % en juillet. — 4. La tension s'accroît à Amsterdam. — 5. L'enquête sur le meurtre de la quinquagénaire de Versailles rebondit. — 6. Deux camions étant entrés en collision, deux personnes sont mortes, et une autre a été grièvement blessée. — 7. Les mutins se sont rendus. — 8. Le préfet du Rhône sera (va être) muté incessamment (bientôt, sous peu). — 9. Deux voleurs à la roulotte ont été arrêtés. — 10. L'indépendance des Comores(1) est proclamée.
(1) Les Comores: archipel de l'océan indien situé au Nord-Ouest de Madagascar.

Exercice 2

1. *Grâce* des deux condamnés accordée par le président de l'Ouganda. — 2. *Évasion* d'un détenu avec deux otages. — 3. Double *défaite* successive (consécutive) de l'équipe de Belgique. — 4. *Échec* des pourparlers entre les deux pays. — 5. *Retour* du président français à Paris aujourd'hui. — 6. *Sélection* officielle imminente des skieurs de l'équipe de France. — 7. *Découpage* du territoire en nouvelles

circonscriptions par le ministre de l'Intérieur en vue des prochaines élections. — 8. *Nomination* officieuse au titre de bâtonnier de l'ordre des avocats de maître Gabriel Martin. — 9. Prochain *transfert* des crédits d'État. — 10. *Entretien* des deux ministres des Affaires étrangères à propos (concernant le) du Proche-Orient.

Exercice 3

1. *L'authenticité* de cette commode ne fait aucun doute. — 2. Ta *naïveté* m'étonnera toujours. — 3. Tout le monde reconnaît sa *franchise*. — 4. On n'arrive pas à louer le studio en raison de sa *petitesse*. (C'est à cause de sa *petitesse…*). — 5. *L'impertinence* de cet enfant lui jouera des tours. — 6. Malgré *la lourdeur* de son style, ses livres se vendent bien. — 7. N'oubliez pas d'indiquer *l'importance* des dégâts dans votre rapport. — 8. *L'inertie* du blessé inquiétait les témoins de l'accident. — 9. La *timidité* et la *maladresse* du candidat n'ont pas échappé aux membres du jury. — 10. Pour une fois, je te pardonne ton *étourderie*.

Exercice 4

1. La *réticence* de Jacques devant nos projets est telle que je n'ose plus lui en parler. — 2. *L'improvisation* pleine d'humour du directeur dans son discours a été très applaudie. — 3. *L'ambiguïté* de la déclaration du ministre était telle que personne n'a compris où il voulait en venir exactement. — 4. Après (à la suite de) la violente *intervention* de plusieurs députés à l'Assemblée nationale, ils ont pu obtenir le vote. — 5. *La restauration* de l'ensemble du vieux quartier à l'initiative de la municipalité a été une opération coûteuse. — 6. *L'éviction* de Jacques du comité lui a été dure. — 7. Pour une *exonération* d'impôts, il faut pouvoir justifier de faibles revenus. — 8. La vente de certains produits est interdite dans le commerce en raison de (du fait de) leur *toxicité*. — 9. *Grâce à sa véhémence*, le député a convaincu son auditoire. — 10. Vous ne pourrez pas vous entendre étant donné *l'incompatibilité* de vos points de vue.

Exercice 5 – p. 19

1. On réserve cet exercice aux débutants en raison de sa *facilité*. — 2. Du fait de la *cherté* de la vie, les gens sont amenés à limiter leurs dépenses. — 3. La chambre de Jean est d'une telle *exiguïté* qu'il ne peut y loger qu'une table et un lit. — 4. L'orateur a été amené à prendre beaucoup de précautions en raison de la *diversité* des opinions politiques de l'assistance. — 5. Grâce à sa *clairvoyance*, le président est très écouté. — 6. *L'incohérence* des propos de Pierre nous a déconcertés. — 7. *L'anonymat* de la foule dans une grande ville est tel qu'il est parfois difficile de s'y insérer. — 8. La *fraîcheur* et la *variété* des produits du marché attirent les clients. — 9. La *compétitivité* des prix des grands magasins exige une grande attention de la part des consommateurs. — 10. *L'inaptitude* de Céline à comprendre les langages de l'informatique est un lourd handicap pour elle.

Exercice 6

1. *L'adhérence* des pneus au sol est parfaite. — 2. *L'essai* du prototype a duré deux heures. — 3. Elle a réussi à réparer la *déchirure* de sa robe. — 4. *L'exposition* des corps au soleil peut entraîner des suites graves. — 5. Le *règlement* du loyer se fait (s'effectue) à l'avance et non à terme échu. — 6. Son *adhésion* au syndicat ne date que de trois mois. — 7. *L'essayage* de sa robe de mariée a eu lieu en présence de ses amies. — 8. Quel *déchirement* de se séparer pour si longtemps ! — 9. Votre *réglage* des phares ne me paraît pas satisfaisant. — 10. *L'exposé* de ses idées a été fait (présenté) de façon très claire.

Exercice 7

Voici, pour cet exercice de créativité, les nominalisations de chaque verbe et leur sens. Il est intéressant de noter que si certains verbes pronominaux ont la même nominalisation que le verbe non pronominal (préparer/se préparer —> préparation), on trouve dans cet exercice des verbes pronominaux qui n'ont pas de nominalisation lexicalement correspondante.

Incliner : inclinaison (l'inclinaison de la Tour de Pise)
          inclination (pour un ami)

Déchiffrer : déchiffrage (exécuter de la musique à la première lecture)
          déchiffrement (décoder un message)

Passer (se) : passe (passer un ballon à un autre joueur)
          passage (action de passer dans un lieu, d'un état à un autre, dans une classe supérieure)
          passation (transmettre un acte, des pouvoirs)

Remarque : se passer n'a pas de nominalisation

Casser : casse (action de briser)
          cassage (action de casser des minerais)
          cassation (annuler une décision de justice)

Détacher (se) : détachage (enlever une tache)
          détachement (action de se détacher = d'être indifférent)
              (action d'être affecté dans un autre poste)

Perdre (se) : perte (action d'être privé momentanément d'un objet ou par la mort d'une personne)
          perdition (action d'être éloigné de l'Église)
              (pour un bateau, d'être en danger de faire naufrage)

Remarque : se perdre dans le sens de s'égarer n'a pas de nominalisation

Finir : fin (action de s'arrêter)
          finissage (action de finir une fabrication)
          finition (terminer les derniers détails d'une fabrication)

Raffiner : raffinage (action d'épurer une substance)
          raffinement (caractère de ce qui est délicat)

Peser : pesée (action de déterminer le poids de quelque chose, d'un bébé)
          pesage (action de peser les jockeys avant une course)

Éclater : éclat (bruit violent de ce qui éclate ; coup de colère)
          éclatement (action d'exploser : l'éclatement d'un pneu)

Exercice 8 – p. 20

Exercice de créativité ; nous proposons quelques nominalisations conceptuelles pouvant être utilisées.

1. Il est parti en claquant la porte ; cette attitude, cette réaction, ce comportement…

2. Il a prétendu qu'elle était trop jeune pour assumer cette responsabilité ; cet argument, ce prétexte, cette objection…

3. Pour lui, la grève n'était pas justifiée ; ce point de vue, cet avis, cette opinion, ce jugement…

4. C'est un fanatique de romans policiers, ce choix, ce goût, cette passion.

5. Il serait question d'installer une deuxième ligne de tramways ; ce projet, cette intention, ce programme, ce plan de prolongement…

6. Le ministre était membre de la Maffia. ; cette annonce, cette révélation…

7. Le gouvernement a décidé de rappeler nos diplomates ; cette décision, cette résolution, ce choix…

8. Le taux des livrets d'épargne est passé de 2,5 à 3 % ; ce changement de taux, cette augmentation, cette hausse, cette majoration…

9. Elle ne vient plus travailler depuis une semaine ; ce comportement, cette absence, ce manque de rigueur professionnelle…

10. Tout le monde prétend que ce quartier serait insalubre; ce point de vue, cette idée, cette opinion, cette allégation…

Nature de la phrase et ordre des mots

Exercice 1 – p. 23

1. Vous avez sans doute raison. Sans doute avez-vous raison. — 2. Il est aussi parti sans me dire au revoir. Aussi est-il parti sans me dire au revoir.* — 3. Vous aurez ainsi compris la difficulté. Ainsi aurez-vous compris la difficulté. — 4. Il faut, à plus forte raison, qu'elle soit raisonnable. À plus forte raison faut-il qu'elle soit raisonnable. — 5. Elle ne cherchait pas à le convaincre, elle espérait du moins le comprendre… du moins espérait-elle le comprendre. — 6. Il ne sait peut-être pas encore la nouvelle. Peut-être ne sait-il pas encore la nouvelle. — 7. Il a aussi couru pour rattraper l'autobus. Aussi a-t-il couru pour rattraper l'autobus. — 8. Elle débarrassait ainsi la table. Ainsi débarrassait-elle la table. — 9. Il est malade. Il peut tout au plus manger du potage. Il est malade. Tout au plus peut-il manger du potage. — 10. Il était à peine arrivé qu'on lui annonçait la mauvaise nouvelle. À peine était-il arrivé qu'on lui annonçait la mauvaise nouvelle.

* *Remarque:* s'assurer que les sens de « aussi » (2-7) variant selon sa place, sont bien compris, en faisant élaborer à l'étudiant une phrase qui pourrait précéder celles de l'exercice.
Aussi dans la phrase = également
Aussi en tête de phrase = donc, c'est pourquoi

Exercice 2

1. Près du portail pousse un rosier. — 2. Bientôt arriveront les beaux jours. — 3. En 1803 naquit Berlioz à la Côte-Saint-André. — 4. « Le long d'un clair ruisseau buvait une colombe. » — 5. Lentement passent les jours. — 6. Le 21 septembre s'ouvrira la conférence des ministres des Affaires étrangères. — 7. Au bout de la rue se dresse un immeuble de quinze étages. — 8. À la fin de l'année se dérouleront les épreuves des concours d'entrée aux grandes écoles. — 9. Au milieu de l'océan Atlantique, se trouve l'archipel des Açores, à mi-chemin entre l'Europe et les États-Unis. — 10. Dans quelques années auront lieu à Paris les Jeux olympiques.

Exercice 3 – p. 24

Remarque: les phrases au style direct étant très courtes, le verbe introducteur ne peut être placé qu'après.

1. « Je dois me dépêcher » pense-t-il. — 2. « Nous nous retrouverons demain » dit-elle. — 3. « Quelle mine de papier mâché vous avez! » s'écria le docteur. — 4. « Nous menons en ce moment une vie de chien » remarqua Jacques. — 5. « Il a agi en désespoir de cause » pensions-nous. — 6. « Ce travail a été fait en dépit du bon sens » direz-vous. — 7. « Ne parlez pas si fort » ai-je dit. — 8. « Ce sera une dure épreuve pour lui » observa-t-elle. — 9. « Comme il a l'air triste! » ai-je songé en le regardant. — 10. « Vous viendrez jeudi soir » insista-t-il.

Exercice 4

Exercice de créativité.

Exercice 5

Exercice de créativité.

Exercice 6 – p. 25
Exercice de créativité.

Exercice 7
1. Non, je n'y comprends rien./ Non, pas grand-chose. — 2. Non, je n'ai plus rien à ajouter. — 3. Non, il n'en a pas souvent./ Non, jamais. — 4. Non, je n'en ai aucune. — 5. Non, pas encore. Non, toujours pas. — 6. Non, je n'ai rien d'intéressant à te raconter. — 7. Non, je ne connais personne qui puisse t'y héberger. — 8. Non, il n'est pas toujours malade./ Non, il n'est jamais malade. Non il n'est plus malade. — 9. Non, je ne veux pas de pommes ni de citron./ Non ; je ne veux ni pommes ni citron. — 10. Moi non plus. — 11. Non, il n'y en a pas beaucoup./ Il n'y en a aucune. — 12. Non, je ne l'ai trouvée nulle part.

Exercice 8
Propositions de questions.
1. Vas-tu quelquefois/parfois/souvent au cinéma ?
2. Prend-il des calmants quand il souffre ?
3. Avez-vous acheté une de ces toiles ?
4. As-tu remarqué qu'il était triste ?
5. Est-elle partie avec l'autorisation de ses parents ?
6. Pourquoi n'était-elle pas à la réunion ?
7. Alors, ils ont retrouvé leur chien ?
8. Les syndicats ont-ils obtenu l'augmentation de la direction ?
9. Son frère et sa sœur sont-ils d'accord pour vendre la maison ?
10. Et toi, tu aimes quand elle agit de cette façon ?

Exercice 9 – p. 26
1. Non, personne n'est venu.
2. Non, elle n'est pas encore rentrée.
3. Non, je ne veux plus rien.
4. Non, pas souvent./ Non, il n'a jamais été impoli.
5. Non, il n'est plus absent.
6. Non, je n'aime ni le thé ni le café./Non, ni l'un, ni l'autre.
7. Non, je n'en ai trouvé aucune.
8. Non ; ils ne sont pas toujours aussi aimables./ Ils ne le sont jamais
9. Non, je ne lui en ai pas donné souvent. Non, je ne lui en ai jamais donné.
10. Non, cette année, malheureusement, nous n'irons nulle part.

Exercice 10
1. Je n'ai pas tout entendu. Je n'ai rien entendu. — 2. Il ne fait pas plus chaud qu'hier. Il fait moins chaud. — 3. Elle n'est pas heureuse partout. Elle n'est heureuse nulle part. — 4. Elle n'a pas peur de tout. Elle n'a peur de rien. — 5. Cela ne va pas mieux qu'hier. Cela va moins bien. — 6. Tu n'as pas bu trop de vin. Tu n'as pas bu assez de vin. — 7. Je ne suis pas toujours fatigué. Je ne suis jamais fatigué. — 8. On ne la voit pas partout. On ne la voit nulle part. — 9. Il n'a pas frappé à toutes les portes. Il n'a frappé à aucune porte. — 10. Toutes les histoires ne la font pas rire (les histoires ne la font pas toutes rire). Aucune histoire ne la fait rire.

Remarque : la négation formée avec *ne... pas* correspond à une négation partielle alors que la négation spécifique est une négation totale.

Exercice 11

1. Le *non-alignement* des pays de la Communauté européenne a été une source de dissensions au sein de l'assemblée. — 2. On a voté la *non-ingérence* de la France dans l'affaire espagnole. — 3. La *non-conformité* de votre appartement aux règlements actuels le rend invendable si vous ne faites pas les travaux nécessaires. — 4. J'ai un sentiment de non-*satisfaction* à l'issue de cette réunion. On aurait pu faire mieux. — 5. La *non-comparution* de l'accusé au procès entraînera sans doute une aggravation de sa peine. — 6. La *non-toxicité* de ce produit est garantie. — 7. La *non-crédibilité* de ces informations est patente. — 8. La *non-observance* de ce règlement entraînera des poursuites. — 9. Ce pays a adopté une politique de *non-agression*. — 10. Après trois jours de *non-activité* due aux fêtes pascales, l'Assemblée a repris ses travaux.

Remarque: cette formation lexicale se trouve de préférence dans le langage écrit.

Exercice 12

Illégalité, immoralité, irrégularité: *in, il, im, ir*. — Maladresse, mésentente, malhonnêteté: *mal, més*. — Désapprobation, désunion, disproportion, discontinuité: *dés, dis*.
On aura vu dans la leçon précédente que les suffixes de ces nominalisations forment tous des noms féminins.

Exercice 13

1. *Incompréhensible*: son silence est incompréhensible. — 2. *Anormal*: cette fièvre est anormale. — 3. *Indolore*: grâce à l'anesthésique, l'extraction a été indolore. — 4. *Inutile*: il est inutile de revenir, il ne vous recevra pas. — 5. *Illégal*: construire sans permis est illégal. — 6. *Inexact*: il est inexact que les impôts aient baissé. — 7. *Insuffisant*: une aide financière serait insuffisante dans ce cas. — 8. *Incertain*: le temps est incertain. — 9. *Difficile*: il est difficile de faire des pronostics. — 10. *Impersonnel*: c'est un cadeau bien impersonnel. — 11. *Désintéressé*: il a agi de manière tout à fait désintéressée. — 12. *Sur ou sous-évalué*: les prix ont été sous-évalués. — 13. *Désolidarisé*: il s'est désolidarisé de son syndicat. — 14. *Mésestimé*: il se sent mésestimé par ses camarades. — 15. *Ininfluençable*: c'est un homme solide et ininfluençable. — 16. *Asocial*: il est devenu complètement asocial. *Antisocial*: ce sont des mesures antisociales. — 17. *Incompétent*: je suis totalement incompétent en ce domaine. — 18. *Impitoyable*: il s'est montré impitoyable envers son personnel. — 19. *Mécontent*: il est toujours mécontent pour quelque chose. — 20. *Défavorisé*: à la mort de sa mère, il a été défavorisé dans le partage.

Exercice 14

1. Ce n'est pas en faisant… — 2. …pour ne pas perturber… — 3 …pour ne pas arriver en retard. — 4. C'est afin de ne pas faire de gaffes… — 5. …pour ne pas avoir fait/pour n'avoir pas fait leurs devoirs. — 6. …de ne pas être resté… — 7. …de manière à ne pas déranger la classe. — 8. …pour ne pas paraître trop âgée. — 9. …de façon à ne pas s'égarer. — 10. De peur de ne pas être à l'heure…

Exercice 15 – p. 27

Exercice de créativité.

Exercice 16

C'est le registre de langue (situation de communication, lexique, temps utilisés) qui va déterminer le choix de la négation:

> omission de *ne* (1)
> omission de *pas* (4,5,6,10), facultative (2,3)
> négation complète (7,8,9)

1. Non, j'ai pas pu.

2. Il ne daigna (pas) lui répondre.

3. Il ne cessait (pas) de pleuvoir et de faire un vent effrayant.

4. Non, il n'osa le faire craignant des représailles/leurs réactions.

5. Il ne savait comment leur avouer ce qui se passait sans leur faire trop de peine.

6. Il ne put s'empêcher d'éclater de rire.

7. Il n'a pas osé, puisqu'il venait d'arriver, refuser cet horaire.

8. Elle avait perdu la recette, elle n'a pas su le faire.

9. Je n'ai pas cessé de lui répéter.

10. Je ne saurais le dire.

Verbes transitifs et intransitifs

Exercice 1 – p. 29

Verbes avec construction transitive.

1. Il avait crevé, il a *changé* la roue de sa voiture. Vous pouvez *changer* votre argent à la banque.

2. C'est lui qui *sort* tous les soirs les poubelles.

3. On *fume* les harengs et les jambons, ce qui leur donne un goût bien particulier. Il ne *fume* que le cigare.

4. Comme elle n'était pas libre pour 16 heures, il *a retardé* l'heure du rendez-vous.

5. Elle *a raccourci* son pantalon qui était trop long. Ton exposé est trop important, il faut le *raccourcir.*

6. Le policier a demandé au passant qui avait *vu* l'accident de témoigner.

7. Il y a trop de soleil, *baisse* le volet. À partir de 22 heures, il faut *baisser* le son du téléviseur.

8. La voiture est tombée en panne; ils ont été obligés de la *pousser* jusqu'à un garage.

9. Il ne peut pas *souffrir* sa voisine (familier). Elle ne *souffrait* pas l'hypocrisie de son collègue.

10. Il *mange* une soupe tous les soirs.

Exercice 2

1. pas de préposition (= apporter) — 2. à (= s'utiliser) — 3. comme (= être domestique) — 4. à (= être utile) — 5. pas de préposition (= se verser) — 6. d'(faire fonction de) — 7. d'(= employer) — 8. à (= rêver en dormant) — 9. d'(= avoir très envie de) — 10. à (= respecter) — 11. pas de préposition (= être absent) — 12. de (= ne pas avoir assez de) — 13. à (= souffrir de l'absence de quelqu'un) — 14. par (utiliser un itinéraire) — 15. à côté de, près de (= marcher) — 16. devant (= se promener) — 17. au (= aller) — 18. à (= être attaché à) — 19. pas de préposition - de (= avoir en héritage génétique) — 20. pour (= considérer).

Exercice 3 – p. 30

Exercice de créativité.

Exercice 4 / Verbes passifs

Passifs complets : ont été conduites et placées par le commissaire./ est constitué d'un moine et d'une étudiante.

Passifs incomplets : seraient poursuivis.

Passifs réduits à un participe passé : libérées/inscrite (peut aussi être considéré comme un adjectif).

Exercice 5

1. Actif, sujet animé singulier. — 2. Actif, le sujet est un pronom. — 3. Passif, *on* serait le sujet du verbe actif. — 4. Actif, le sujet est un pronom. — 5. Les deux, deux inanimés. — 6. Les deux. — 7. Passif, pas de complément d'agent ou verbe actif avec *on* pour sujet. — 8. Actif, le sujet est un pronom. — 9. Les deux. — 10. Passif (plutôt que *on* sujet d'un verbe actif).

Exercice 6

1. Sa jupe était bordée d'un galon. — 2. Cette assiette est entourée d'un motif à fleurs. — 3. Dans quelques semaines, la montagne sera couverte de neige. — 4. Un épagneul avait été trouvé près de la gare. — 5. Après avoir été appréhendé, le voleur a été mis sous les verrous. — 6. Son chandail a été tricoté à la main. — 7. Le toit était décoré de tuiles vernissées. — 8. Cette formule n'est plus employée de nos jours. — 9. Cet immeuble a été bâti sur pilotis. — 10. Il m'avait assuré que ma voiture serait réparée en quelques jours.

Exercice 7 – p. 31

Plusieurs réponses sont possibles. Voici quelques suggestions :
1. Il a été renvoyé, mis à pied, mis au chômage. — 2. Elle a été renversée par un camion. — 3. Il a été censuré, retiré de la vente, mis en faillite, interdit. — 4. Le bilan a été déposé. — 5. Il a été interdit par l'ordre des pharmaciens, retiré de la vente. — 6. Il a été cassé. — 7. Ils avaient été appelés pour éteindre le feu qui avait pris au sous-sol. — 8. Non, il m'a été, hélas, volé dans le bus. — 9. Si, mais elle était rasée et remplacée par un immeuble. — 10. Si, mais elle a été repeinte parce que tout le quartier est en cours de ravalement. — 11. Si, mais tu ne l'as pas reconnue parce qu'une aile a été rajoutée pour la maternelle. — 12. Non, il a été muté depuis trois mois dans un autre service.

Exercice 8

1. Le chien s'est fait écraser par un camion. — 2. Il s'est laissé extorquer la promesse de vendre son appartement en viager. — 3. Les non-grévistes se sont vu refuser l'entrée de l'usine. — 4. La fillette s'est fait renverser par un chauffard. — 5. Le responsable syndical s'est vu confier ce poste. — 6. Elle s'est fait sérieusement réprimander. — 7. Le contrôleur s'est fait voler sa sacoche dans le wagon-grill — 8. Les randonneurs se sont laissé(s) surprendre par l'orage. — 9. En quelques mois il s'est laissé acculer à la faillite. — 10. Le malade s'est fait greffer un rein. — 11. Il s'est vu donner la tâche de renflouer l'entreprise. — 12. Il s'est laissé coiffer au poteau par son adversaire.

Exercice 9

Quand l'irascibilité devient inacceptable
Les verbes passifs qu'on peut mettre à l'actif sont les suivants :
– un locataire a tué un adolescent ;
– on a appréhendé le meurtrier ;
– le retraité interpella les jeunes gens qui lui répondirent ;
– une balle a atteint F.M. à la tête ;
– le SAMU l'a transporté à l'hôpital où il a succombé ;
– on a mis M.R. Vallin à la disposition du commissariat de Bobigny ;
– on va effectuer une enquête ;
– le juge a déjà entendu plusieurs témoins.

Accord des participes passés
des verbes transitifs et intransitifs

Exercice 1 – p. 35

1. Il est descendu… — 2. …sommes allés. — 3. …est arrivée, sont arrivés. — 4. Vous êtes devenue… — 5. …sont déjà éclos. — 6. …nous sommes morts de soif. — 7. …sont partis. — 8. …sommes retournés. — 9. …est tombée. — 10. …ne sont pas arrivés.

Exercice 2

1. est retournée. — 2. est expiré; il est donc parti. — 3. est tombée; il a rentré; étaient restées. — 4. sont tous accourus. — 5. elle est sortie. — 6. nous avons passé. — 7. il est demeuré. — 8. il est passé. — 9. tu l'as échappé belle. — 10. il est vite descendu; a remonté.

Exercice 3 – p. 36

1. Je les ai rencontrées. — 2. Je les ai cueillies… — 3. J'en ai acheté… — 4. J'en ai vu… — 5. Je les lui ai montrées… — 6. Je les lui ai confiées… — 7. Elle les a arrosées… — 8. Nous en avons trouvé… — 9. Elle l'a appelée… — 10. Il les a toutes comprises.

Exercice 4

1. achetées, mangées. — 2. écoutées. — 3. rangées. — 4. pris. — 5. corrigées. — 6. affecté. — 7. données. — 8. empêché. — 9. essayée. — 10. portés.

Exercice 5

1. il a fallu. — 2. il a fait. — 3. il y a eu; ont ravagé. — 4. elle l'a fait faire. — 5. il a fallu. — 6. il a pu. — 7. ils ont voulu. — 8. les a toujours fait travailler. — 9. il a eues. — 10. il a fournies.

Exercice 6

1. ont courus; les ont rendus. — 2. elle a vécu. — 3. il a coûté. — 4. pesée. — 5. a pesé. — 6. a coûté. — 7. a régné. — 8. j'ai pu. — 9. avons voulus. — 10. ils ont pu.

Exercice 7 – p. 37

1. J'ai fait; j'ai pu; je n'ai pas obtenu; j'aurais voulu. — 2. Il a fait; a fait vendre. — 3. A fait tondre; a menées paître. — 4. A laissé. — 5. Ont dû; a semblé. — 6. Sont venus; a accueillis; a fait entrer; a laissé. — 7. Il y a eu. — 8. Il a fallu. — 9. Il y a eu; ont été. — 10. A coûté.

Exercice 8

1. j'ai vus. — 2. nous avons entendu. — 3. elle a entendu. — 4. avons entendue. — 5. nous avons vus. — 6. j'ai entendu. — 7. elle a sentie. — 8. il avait regardée. — 9. vus partir. — 10. elle s'était vue.

Exercice 9

1. a faite; a rencontré; se sont promenées; ont montré; a pu; ont agrémenté. — 2. ont chantées; étaient connues; ont entonnées; ont suivi; a amusé(e)s; n'avons pas retenu; sont restés; ont contribué; n'a oubliée. — 3. avez exposées; être discutés. — 4. s'est fondée; ont adhéré; ont versé; sont destinées; n'ont pas pu. — 5. a fallu; avions fait bâtir; aurait coûté; avons hérité; avons voulu. — 6. a été opérée; a enlevé; a eu; s'était beaucoup fatiguée; s'est surmenée; a fait. — 7. se sont maquillés; ont revêtu; ont présentés; se sont serré; se sont embrassés. — 8. j'ai lus; ont détectées. — 9. ont été avancés; ont touché; ont dépensées; ne les a pas tous touchés. — 10. avait écrits; seraient critiqués; a publiés.

Verbes impersonnels

Exercice 1 – p. 40

Exercice de créativité. Plusieurs réponses sont possibles. Vérifier que l'étudiant utilise le tour impersonnel.

Exercice 2

1. Que vous assistiez à la cérémonie, c'est souhaitable. — 2. Il réussira, c'est évident. — 3. Descendre cette pente sans tomber, c'est difficile pour un skieur débutant. — 4. Commettre des impairs quand on ne connaît pas les habitudes d'un pays, c'est normal. — 5. Répondre de but en blanc à des questions embarrassantes, ce n'est pas toujours possible. — 6. Quand on veut vivre en bonne harmonie avec son entourage, ne pas jeter de l'huile sur le feu, c'est indispensable. — 7. Téléphoner à ses amis…, c'est gentil. — 8. A notre époque, avoir plusieurs cordes à son arc, c'est très utile. — 9. Faire la grasse matinée les jours où l'on ne travaille pas, c'est habituel. — 10. Être un fin mélomane, est-ce vraiment nécessaire pour apprécier la musique polyphonique?

Exercice 3

1. Confondre des champignons vénéneux…, ce n'est pas rare. — 2. Faire l'âne pour avoir du son, c'est fréquent… — 3. Aimer rencontrer…, n'est-ce pas naturel? — 4. Connaître le nom des étoiles, est-ce indispensable pour…? — 5. Prouver qu'elle est volage, c'est difficile. — 6. Dire: « menteur comme… » c'est courant, mais savoir si c'est une plaisanterie, ce n'est pas toujours facile. — 7. T'engager en affaire avec lui, c'est impensable, car… — 8. Si vous stationnez sur un passage protégé, vous attraperez une contravention, c'est sûr. — 9. Le professeur a prêché dans le désert, c'est certain : les élèves… — 10. Vous êtes au 36e dessous… c'est évident, mais que vous repreniez rapidement le dessus, c'est nécessaire.

Exercice 4

Exercice ne présentant pas de difficultés.

Exercice 5 – p. 41

Exercice ne présentant pas de difficultés mais attention aux modes des phrases 7 (il est peu probable que vos amis *vous écrivent* : subj.) et 10 (il est urgent que tu *travailles* : subj.).

Exercice 6

1. facile à ; facile de… — 2. aisé de ; aisée à… — 3. convenable à… ; convenable de… — 4. effroyable à… ; effroyable de… — 5. triste de… ; triste à… — 6. utile de… ; utiles à… — 7. difficile de… ; difficiles à… — 8. désagréables à… ; désagréable d'… — 9. excellent à… ; excellent de… — 10. délicieux à… ; délicieux de…

Exercice 7 / Mise en relief par « c'est », « ce sont »

1. C'est au mois d'août qu'elle… — 2. C'est aux heures de pointe qu'il… — 3. C'est à l'étranger qu'ils… — 4. C'est à force de… que… — 5. C'est à bricoler qu'il… — 6. C'est à se chamailler qu'elles… — 7. C'est une situation inaccessible pour lui qu'il… — 8. C'est à cause de… que… — 9. C'est à jeudi que… — 10. C'est au fin fond de…

Exercice 8

1. C'est bénévolement que nous… — 2. C'est dans mon relevé de compte que j'ai… — 3. Ce sont des ennuis pécuniaires qu'il… — 4. C'est par son mutisme qu'il… — 5. C'est à cause de son incom-

pétence qu'il… — 6. C'est à l'unanimité que le… — 7. Ce sont les biographies qui… — 8. C'est par une réplique cinglante qu'il… — 9. C'est avec défiance qu'il… — 10. C'est au paroxysme de la colère qu'il…

Exercice 9 – p. 42

Exercice ne présentant pas de difficultés.

Exercice 10

Exercice de créativité.

Exercice 11

Exercice de créativité.

Verbes pronominaux

Exercice 1 – p. 45

1. Je ne me casserai pas… — 2. Tu te lavais… — 3. Nous nous souvenons… — 4. Elle s'efforcera… — 5. Le moineau s'envolait… — 6. Il se démène… — 7. La pluie venant, vous vous réfugiiez… — 8. Abstenez-vous… — 9. Rappelle-toi… — 10. Elles se maquilleront… — 11. Ne te moque pas…

Exercice 2

1. Elle s'était promis… — 2. se sont prises… — 3. se sont prises… — 4. Elles s'y étaient mal prises… — 5. se sont allongés… — 6. … s'est excusée… — 7. Nous nous étions rappelés… — 8. Elles s'é- taient imaginées… — 9. …se sont envoyés… — 10. Elle s'était figurée…

Exercice 3

1. s'est donné. — 2. ils se sont montrées. — 3. s'est jouée. — 4. s'était remplie; s'était créée. — 5. se serait répondu. — 6. s'est allumée. — 7. se sont rencontrés; ne se sont pas plu. — 8. s'était creusée. — 9. elle s'est rappelés. — 10. se sont poussés; se sont injuriés.

Exercice 4

1. s'étaient ouvertes. — 2. Elle s'était servie. — 3. se sont servies. — 4. Elle s'était lavé; se les était séchés. — 5. se sont récité. — 6. se sont parlé. — 7. ne s'est pas souvenue. — 8. s'était creusé; se sont multipliées. — 9. se seraient trompés. — 10. s'étaient répété.

Exercice 5 – p. 46

1. Renault *produit* des véhicules industriels et des voitures de tourisme *(fabriquer)*. Un incident *s'est produit* et le lancement de la fusée a été retardé *(arriver)*.

2. Je *doute* de son innocence (ne pas être sûr). Je *me doute* que tu as dû lui faire un beau cadeau (être presque sûr).

3. Il faudra *rendre compte* à votre supérieur de ces événements (raconter fidèlement). Elle s'est vite *rendu compte* de son erreur (prendre conscience de).

4. Tous les matins, la secrétaire *rappelle* à son patron les rendez-vous qu'il a donnés (s'assurer qu'il n'a pas oublié). Je *me rappelle* cet événement comme si c'était hier (se souvenir).

5. Nous *attendons* le printemps pour faire construire. Je *m'attendais* à cette réaction (prévoir).

6. L'élève *a rendu* son devoir (donner). Les soldats *se sont rendus* au général vainqueur (capituler). Il *s'est rendu* à l'hôpital (aller).

7. Je vous *sers* du vin ? (verser). Il *se sert* d'une canne depuis qu'il a perdu la vue (utiliser).

8. On m'a *pris* mon parapluie (voler). Elle *s'y prend* bien pour retenir l'attention de son auditoire (avoir une bonne technique). Elle *s'en est prise* à son voisin (reprocher qqch.). 9. Tu *as agi* sans réfléchir comme d'habitude (se comporter). Il *s'agit* de la vie d'une communauté au début du siècle (c'est l'histoire de). Il *s'agit* de mettre les bouchées doubles maintenant (il faut).

10. Avec son air aimable, il *trompe* son monde *(induire en erreur)*. Il *s'est trompé* de route *(faire une erreur)*.

Exercice 6

1. Le mont Blanc se voit…
2. Le train ne s'entend pas…
3. La choucroute se mange…
4. Les vins de Bordeaux se boivent…
5. Le fromage se sert…
6. Le chalet s'est construit…
7. Les patois s'emploient…
8. Les poèmes se chantent…
9. Les timbres se vendent…
10. La Volkswagen s'appelle…

Exercice 7

1. Elle a pris la décision. — 2. J'ai utilisé, employé. — 3. a fait une erreur. — 4. est disponible. — 5. a épousé. — 6. ont découvert, compris. — 7. Il est compétent. — 8. Vous regretterez. — 9. a pris. — 10. est tombé lourdement à terre. — 11. garder le silence. — 12. sont partis, ont fui. — 13. avons pris un bain. — 14. Elle a éclaté de rire. — 15. Il a des remords/il regrette.

Exercice 8

1. il s'agit. — 2. Elle s'est évanouie. — 3. Dans ce roman, il s'agit. — 4. s'est-elle exclamée. — 5. il s'est effondré, écroulé. — 6. ils se sont évadés. — 7. il s'en est formalisé. — 8. Pendant tout son temps de loisir, le sculpteur s'adonnait à, se consacrait à. — 9. se sont emparées de. — 10. Allons-nous en.

Exercice 9 – p. 47

1. se faire à, s'habituer à. — 2. on ne se souvient plus. — 3. se lisait, se propageait, s'irradiait. — 4. s'est diffusée, répandue. — 5. Je me pose des questions. — 6. Il ne se plaît pas. — 7. Je me refuse à. — 8. s'improviser. — 9. Il se mord les doigts (fam.), il se repent. — 10. Il se charge trop et se surmène.

Exercice 10

Exercice de créativité.

Adjectif verbal – participe présent – gérondif

Exercice 1 – p. 50

1. en traversant. — 2. obéissante, parlant, se proposant. — 3. souriante. — 4. en broyant du noir. — 5. ne s'étant pas arrêtée. — 6. Pouffant. — 7. ayant fondu. — 8. en forgeant. — 9. (en) doublant. — 10. M'étant allongée. — 11. Vous étant repris.

Exercice 2

1. communicantes. — 2. divergeant. — 3. provocantes. — 4. communiquant. — 5. suffoquant. — 6. équivalant. — 7. provoquant. — 8. suffocante. — 9. fatigant. — 10. équivalents.

Exercice 3

1. précédente. — 2. fatiguant. — 3. intrigante. — 4. précédant. — 5. négligents. — 6. Intriguant. — 7. Négligeant. — 8. Adhérant. — 9. vaquant. — 10. vacant.

Exercice 4

1. Ambigu : comme je pars. — 2. Correct. — 3. Incorrect : je vous prie d'agréer. — 4. Incorrect : aux étudiants étrangers suivant un cours de français. — 5. Incorrect : le médecin redoutant une infection, la plaie… — 6. Incorrect : si (quand) on quitte la France… — 7. Correct. — 8. Incorrect : des touristes se sont arrêtés pour regarder les manifestants criant des slogans dans la rue. — 9. Correct. — 10. Incorrect : quand on loue un appartement, on ne sait pas…

Exercice 5 – p. 51

Exercice de créativité.

Exercice 6

1. Si tu roules. — 2. Comme elle a reconnu. — 3. Quand nous sommes arrivés. — 4. Alors qu'il avait peu travaillé. — 5. Parce qu'elle a fait. — 6. Pendant qu'elle écoute. — 7. Si tu persévères. — 8. Comme (alors que) nous marchions. — 9. Tu as crié si fort que… (c'est parce que tu as crié si fort que). — 10. Quoiqu'elle aille (bien qu'elle soit allée).

Infinitif

Exercice 1 – p. 53

1. Après s'être reposées. — 2. Après avoir bavardé. — 3. Sans s'être concertées. — 4. Avoir terminé. — 5. Sans s'être revues. — 6. Après l'avoir vue. — 7. Après avoir débattu. — 8. De les avoir laissées. — 9. Après avoir suivi. — 10. Sans s'être rencontrés.

Exercices 2 et 3

Exercices de créativité.

Exercice 4 – p. 54

Obligatoires : 4 – 8 (même sujet).
Possibles : 1 – 2 – 5 – 7 – 9
Plus élégantes : 3 – 6 – 10

Exercice 5

1. Il désire voyager. — 2. Nous avons pensé préparer une fête en son honneur. — 3. J'ai préféré lui dire (que) non. — 4. Jacques a cru avoir le temps… — 5. J'ai attendu d'avoir étudié la question… — 6. Il a accepté que je ne choisisse pas le livre… — 7. Nous souhaitons vous rencontrer… — 8. Vous voulez être accompagnées. — 9. Elle s'imagine avoir été très malade. — 10. Je refuse de recevoir cette personne.

Exercice 6

1. A en juger par (à voir). — 2. A l'en croire (à l'entendre). — 3. A le voir. — 4. A l'en croire. — 5. A tout prendre. — 6. A y regarder de près. — 7. A supposer que. — 8. A l'entendre. — 9. A supposer que. — 10. A tout prendre.

Exercice 7

Exercice de créativité qui peut être fait ensuite à l'impératif et au futur.

Exercice 8

L'infinitif donne au texte une valeur générale, et sa fréquence est un élément dynamique.

Exercice 9

1. J'ai vu [la plaine… attendre] – J'ai vu [le ciel frémir…].
2. Les deux courtes phrases au passé simple qu'introduit « puis » marquent l'arrivée soudaine de la pluie et du jour.

L'adjectif

Exercice 1 – p. 58

1. étrange; désireux de comprendre. — 2. pas compliquée; sans ornement; non gradé; sans rien de plus. — 3. qui n'a plus cette fonction; vieux; ex. — 4. identique; valeur de renforcement; marque un degré élevé de cette qualité. — 5. aimé; coûteux; précieux. — 6. de peu de valeur; la malheureuse; nécessiteuse (indigente); stérile; médiocre; ingrat. — 7. éloigné; flou (imprécis). — 8. renforcement à valeur péjorative; digne de respect; fieffé. — 9. étrange; comique; renforce l'intensité. — 10. insupportable; mauvais; laid.

Exercice 2

1. honorable; probe; intègre. — 2. haut; de haute taille; célèbre. — 3. peu importantes; squelettique (décharnée); sans graisse. — 4. intensité non négligeable; incontestable; quelques; assuré. — 5. net; renforce la possession; convenable; textuels. — 6. dangereux; odieux; brutal; sans valeur. — 7. unique; uniquement; solitaire. — 8. renforcement à valeur péjorative (cf. sacré); arrogant; noble. — 9. sans valeur; aucune; sans vainqueur ni vaincu. — 10. après tous les autres dans l'ordre chronologique; passé; la plus récente. — 11. médiocre; qui provoque le chagrin; méprisable; affligeante.

Exercice 3

1. si j'ose dire. — 2. comme. — 3. à peine. — 4. pour ainsi dire. — 5. presque, en quelque sorte. — 6. en quelque sorte. — 7. bleuâtre. — 8. à peu près, comme, pour ainsi dire. — 9. légèrement. — 10. pas tout à fait.

Exercice 4

Analyse de texte : les adjectifs donnent au texte une valeur sentimentale.

Exercice 5 – p. 59

Analyse de texte : on notera surtout les adjectifs apposition (habillé de noir…, rose, mielleux…, verte…). Le temps principal est le présent, sur lequel ressortent quelques passés simples.

Exercice 6

Analyse de texte : le texte rappelle qui est le peintre, quel est le sujet du tableau, sa composition, les lignes et les couleurs.

Exercice 7

Exercice de créativité.

Mots invariables

Exercice 1 – p. 62

1. vivement. — 2. tranquillement. — 3. savamment. — 4. brièvement. — 5. succinctement. — 6. décemment. — 7. violemment. — 8. intensément. — 9. aisément, décemment. — 10. vraiment. — 11. précisément. — 12. couramment.

Exercice 2

1. Elle est beaucoup trop impressionnable pour aller voir un film aussi violent.

2. Manger modérément est, certes, le secret d'une bonne santé.

Certes, manger modérément est le secret d'une bonne santé.

3. Ce temps changeant brusquement la fatigue beaucoup.

4. En voyant ce spectacle, il s'est arrêté, comme paralysé par la peur.

5. Ce document était très compromettant ; l'avocat lui a conseillé de ne pas le produire immédiatement, ce qu'il a accepté sur-le-champ.

6. Il avait souvent très envie de lui faire plaisir, mais ses efforts étaient rarement couronnés de succès.

7. Être parti plus tôt lui a bien sûr permis de gagner du temps dans son travail.

8. Avoir trop présumé de ses forces est probablement l'explication de son malaise.

9. Il l'a poussée exprès dans l'escalier ce qui justifie amplement son renvoi immédiat de l'école.

10. Ils étaient complètement débordés ; aussi leur a-t-on conseillé de faire appel à une aide extérieure.

Les articles

Exercice 1 – p. 65

Cet exercice ne présente pas de difficultés.

1. Non, il ne me reste pas de vin de table…, etc.

Exercice 2 – p. 66

1. n'éprouvent pas de. — 2. ne faisait pas d'efforts. — 3. n'a plus de problème(s). — 4. Vous n'avez pas de responsabilités. — 5. Si vous n'avez pas de suggestions à faire, inutile d'écrire. — 6. N'avez-vous pas de vacances. — 7. On ne mange pas souvent de nouilles. — 8. Je n'ai pas mis de verres. — 9. Il n'y a pas (il n'y a plus) de. — 10. On ne voit pas d'étoiles.

Exercice 3

1. du vin, de l'eau. — 2. du gibier. — 3. beaucoup de fautes. — 4. de peine. — 5. tu en as d'autres. — 6. de difficultés. — 7. peu de gens ; des. — 8. peu d'avantages ; beaucoup d'inconvénients. — 9. trop de, pas assez de. — 10. bien des ; la plupart des.

Exercice 4

1. … *le* portrait-robot (…) *la* police (…) *le* suspect (…) *les/des* yeux (…) *un* grand front (…) *les* tempes et *le* nez. — 2. … *les* yeux (…) *le/un* nez (…) *un* teint… — 3. … *la* bagarre (…) *un* œil (…) *le* menton… — 4. … *l'*œil ! — 5. … *les* yeux rouges (…) *la* voix… — 6. … *la* chair (…) *les* jambes… — 7. … *des* yeux (…) d'*un* bleu… — 8. … *les/des* cheveux blancs ? (sens différent) — 9. … *le* bal (…) *la* tête… — 10. … *une* bonne tête ! — 11. … *la* tête (…) *la* soirée. — 12. … *un* cou (…) *une* tête (…) *les* regards… — 13. … *des* mains… — 14. … *un* pied devant *l'*autre. — 15. … *des* pieds et *des* mains (…) *un* rendez-vous avec *le* directeur. — 16. … *les* yeux (…) *le* ventre. — 17. … *un* nez… — 18. … *les/des* oreilles (…) *une* nuque (…) *un* air… — 19. … *l'*air (…) *la* lune… — 20. … *un/le* dentiste (…) *les/des* dents dans un état…

Exercice 5 – p. 67

1. … *le* courage (…) — 2. … *une* impertinence (…) tout *le* monde. — 3. … *la* légèreté… — 4. … *du* courage… — 5. … d'*un* courage de lion. — 6. … *le* courage d'*un* lion. — 7. … *une* invitation (…) *la* forme. — 8. … *une* affaire de *la* plus grande… — 9. … affaire… — 10. … c'est *l'*affaire… — 11. … *le* ski (…) *la* planche à voile. — 12. … *le* tennis. — 13. … *du* ping-pong…

Exercice 6

1. … *de* Suède. — 2. … sur *la* Finlande. — 3. *Le* royaume de France… — 4. … *le* gouvernement de *la* France… — 5. … *en* Thaïlande. — 6. … pour *la* Turquie. — 7. … *le* sol de France. — 8. Les frontières de *la* France. — 9. … au duc de Savoie. — 10. Le climat de *la* France…

Exercice 7

À votre tour, décrivez quelqu'un. Exercice de créativité.

Exercice 8

Réponses à une question. Attention, l'article peut changer.

1. *Dans une boulangerie-patisserie*
   – Que voulez-vous, Madame, *du* pain ou *des* gâteaux ?
   – D'abord *du* pain : *une* baguette et puis *le* pain en forme de marguerite qui est en devanture. Ensuite *une* tarte *aux* noix ; *un* baba *au* rhum et trois tartes *à la* frangipane.

2. *Deux amies discutent*
   – Pourrais-tu m'indiquer *un* bon professeur de mathématiques ? Simon a vraiment besoin *de* cours particuliers. Tu me rendrais *un* grand service.
   – Bien sûr, j'en connais *un* excellent ; tu sais, *l'*étudiant qui avait fait faire *des* progrès spectaculai-res à Martine *l'*année dernière. C'est *un* jeune homme sérieux et de plus avec *des* qualités pédagogiques surprenantes chez *un* garçon qui n'a pas encore passé *de* concours.

3. *Discussion sur un mariage*

Comment était *la* mariée? Charmante; elle portait *une* robe en organdi blanc mi-longue et dont *le* bustier, très ajusté, avait *de* petites bretelles.

Elle avait *un* voile? Ce n'était pas *un* voile, mais *une* voilette. *Le* marié, lui, était moins classique: il portait *un* pantalon blanc et *une* chemise assortie avec *des* espadrilles!

Pas *de* cravate mais *un* béret rouge; sans doute *un* souvenir de leurs dernières vacances *au* Pays basque!

Exercice 9– p. 68

Remarque: X = pas d'article.

1. Lyon, qu'on appelle parfois *X/la* capitale des Gaules n'est pas *la* capitale de *la* France.

2. Elle avait un teint livide qui faisait *X* peur.

3. Ils avaient pris *une* part active au débat.

4. Son oncle est *X* homéopathe-acupuncteur; c'est *un* médecin qui obtient des résultats extraordinaires; en fait il est *le* médecin de toute la famille.

5. *X/des* gâteaux, *X/des* jus de fruits, *X/des* vins divers, *X/des* apéritifs, *X/des* friandises: tout avait été acheté pour la fête.

6. En arrivant en pleine nuit, sans *X* avertissement, il nous a fait *une* peur bleue.

7. « Adresse » s'écrit avec un seul « d », contrairement au mot anglais.

8. Il a pris *X* part à la discussion à la grande surprise de tous.

9. Vous avez *X* intérêt à signaler rapidement ce défaut de *X* fabrication.

10. Il a été élu *X* vice-président à l'unanimité.

Les indéfinis

Exercice 1 – p. 71

1. tous les jours. — 2. tout/tous. — 3. toutes. — 4. tout. — 5. toutes. — 6. tout(e). — 7. tout. — 8. toute. — 9. tout. — 10. tous.

Exercice 2

tout. — de tout temps. — tout inquiet. — toute la salle. — tous ses amis. — tout à coup. — toutes ces réunions. — tous ces gens. — tous ses soucis, toutes ses angoisses, toutes ses hésitations.

Exercice 3

1. chaque; le. — 2. n'importe quelle. — 3. entièrement, le portrait craché (fam.). — 4. très. — 5. 100 %; pure laine. — 6. l'unique; le seul. — 7. si; quelque + subjonctif. — 8. seule. — 9. un(e) an(née) sur deux. — 10. n'importe quelle. — 11. entière. — 12. même si, bien que. — 13. très franchement. — 14. entièrement, complètement différentes. — 15. chacun. — 16. alors que. — 17. complètement. — 18. n'importe quelle; 24 heures sur 24. — 19. entière. — 20. chaque année.

Exercice 4

1. En tout et pour tout. — 2. A tout prendre; tout bien considéré. — 3. Tout compris. — 4. Après tout. — 5. Somme toute. — 6. C'était tout comme. — 7. Du tout au tout. — 8. Somme toute. — 9. C'est tout dire. — 10. A tout prendre.

Exercice 5 – p. 72

1. Tout le monde. — 2. le monde entier. — 3. à tout le monde. — 4. du monde entier.

Exercice 6

1. à personne. — 2. à une personne. — 3. personne. — 4. une personne. — 5. personne.

Exercice 7

1. quelqu'un. — 2. quelques-uns. — 3. quelqu'un. — 4. quelques-uns.

Exercice 8

1. chaque. — 2. chaque. — 3. chacun. — 4. chacun. — 5. chaque. — 6. chacun. — 7. chaque. — 8. chacun. — 9. chaque. — 10. chacun.

Exercice 9 – p. 73

1. M. Durand, rentrant de travail à sa femme : « Est-ce que quelqu'un m'a appelé ? »

2. Le vieux monsieur du troisième à la petite Martine : « Alors, ma mignonne, tu as été gâtée par le Père Noël ? » (on = connotation affectueuse)

3. John Smith à sa logeuse, madame Dupont : « C'est vrai qu'en France vous mangez des pattes de grenouilles ? » (= les Français)

4. Madame Dupont : « Le mot n'est pas "pattes" de grenouilles mais "cuisses" de grenouilles. Accompagnées d'ail et de persil ; c'est délicieux. » (on a ici sa valeur d'indéfini, généralisante)

5. N'oublie pas, c'est dans le besoin que se connaissent les véritables amis. (on = valeur généralisante des proverbes)

6. Nous nous sommes vraiment amusé(e)s à cette fête.

7. Maintenant, vous vous calmez ! (on a une nuance de mépris ou d'autorité)

8. Personne n'a pas pu me renseigner.

9. Tu aimes les peintures de Bonnard ? Nous avons les mêmes goûts !

10. L'orateur : « en conclusion, je peux dire que… » (= je)

11. Alors, tu/vous ne dis/dites plus bonjour, tu/vous fais/faites le fier !

12. Du pétrole a été découvert en mer du Nord. (pas d'agent précis ; le passif est donc préférable)

13. Un conférencier, lors de son discours : « Il pourrait bien sûr m'être reproché d'avoir laissé de côté cet aspect du problème. » (on = quelqu'un, anonyme)

14. On n'est jamais si bien servi que par soi-même. (on proverbial généralisant ; pas de substitution)

15. « Quelqu'un a sonné ; peux-tu aller ouvrir ? »

16. Le professeur de gymnastique : « Allez, vous levez les bras bien haut. » (on = ordre sans nuance de mépris)

Exercice 10 / Personne(s)/Gens

personne(s)	gens
les – des – ces – chaque – quelques – certaines – beaucoup de – peu de – trop de – différentes – un tas de (peu utilisé) – la plupart des – plusieurs – les premières – les dernières – trois cents – des milliers.	les – des – ces – certaines (élégant) – beaucoup de – peu de – trop de – un tas de – la plupart des – des milliers de.

Remarque : « personne » s'utilise dans tous les cas alors que « gens » s'utilise seulement lorsque l'expression qui précède n'indique qu'une quantité peu précise.

Les pronoms personnels

Exercice 1 – p. 75

1. irons. — 2. formons. — 3. sont brouillés. — 4. nous sommes donné. — 5. désirons. — 6. avons fait. — 7. faites. — 8. nous sommes mis. — 9. commencez. — 10. avons décidé. — 11. sommes persuadés. — 12. êtes. — 13. Venez. — 14. pouvons/pourrons. — 15. seriez-vous d'accord.

N.B.: le verbe peut être précédé du pronom personnel pluriel reprenant les 2 pronoms personnels précédents: ex.: lui et moi, *nous* irons.

Exercice 2

1. C'est nous qui réserverons les places.
2. C'est elle qui a oublié de vous prévenir.
3. C'est moi qui suis désolée.
4. C'est Pierre qui vous reconduira.
5. C'est toi qui es trop sévère.
6. Ce sont les policiers qui ont retrouvé l'enfant.
7. C'est avec mes cousines que je rentrerai.
8. C'est de Gustave que nous parlons.
9. C'est sans ses enfants que Monique est partie.
10. C'est pour mon oncle que je fais des efforts.

Exercice 3 – p. 76

Jeu de devinettes. Exercice de créativité.

Exercice 4

1. en. — 2. en. — 3. y. — 4. y. — 5. en. — 6. y. — 7. en. — 8. y. — 9. en. — 10. pensez-y.

Exercice 5

1. *J'en* veux (un peu). — 2. Je *les* aime. — 3. Je ne *lui* ai pas téléphoné. — 4. Je n'*en* souhaite pas d'autres. — 5. Je ne *l'*ai pas lue. — 6. Ils (ne)*l'*ont (pas) écoutée. — 7. Il (ne) *les* a (pas) rendus. — 8. Il (ne) *les* a (pas) tous coupés. — 9. Je (ne) *lui* ai (pas) écrit. — 10. Je (ne) *les lui* ai (pas) rendus.

Exercice 6

1. Elle la lui a donnée. — 2. Il lui en avait apporté. — 3. Offre-leur en. — 4. Les enfants les ont cueillis pour elle. — 5. Porte-les lui. — 6. Je le lui ai rendu. — 7. Il l'y amènera. — 8. Il la lui a présentée. — 9. Je la lui ai payée. — 10. Confiez-les lui.

Exercice 7

1. Tu les lui réciteras. — 2. Transmettez-les lui. — 3. L'agent le lui a proposé. — 4. Elle lui en avait acheté. — 5. Il le lui a soumis. — 6. Elle la leur prêtait toujours. — 7. Il la leur a montrée. — 8. Il les leur a reprochées. — 9. Il les leur distribuait. — 10. Il lui en a offert une.

Exercice 8 – p. 77

1. Je m'en souviens. — 2. Je me le rappelle. — 3. Je me souviens de lui. — 4. Je (ne) me les rappelle (pas). — 5. Il (ne) se souvient (pas) d'elle. — 6. Je me la rappelle. — 7. Je m'en souviens. — 8. Il se le rappelle. — 9. Je m'en souviens. — 10. Je me le rappelle.

Remarque: l'utilisation des pronoms « en » et « y » en remplacement d'un nom de personne est tolérée à l'oral, non à l'écrit.

Exercice 9

1. Nous y pensons. — 2. Il ne s'en sert plus. — 3. Le lui confierez-vous? — 4. J'y ai réfléchi. — 5. En prenez-vous? — 6. Elle ne se souvient plus d'eux. — 7. Je ne me la rappelle plus. — 8. Il les lui a pardonnées. — 9. Pensez-vous à elles? (Y pensez-vous n'est toléré qu'à l'oral). — 10. Il l'y avait attachée.

Exercice 10

1. Ma mère l'a fait réparer. — 2. Elle s'en est aperçue. — 3. Nous nous plaignons d'eux. — 4. Il s'est heurté à lui. — 5. Il s'y efforce. — 6. Je l'attends sous peu. — 7. Il s'y attendait. — 8. Ne t'en moque pas. — 9. Je la transmettrai. — 10. Ne le connaissez-vous pas? — 11. Ne l'achetez pas. — 12. Elle lui ressemble. — 13. Elle le lui écrit. — 14. Adressez-vous à elle. — 15. Il en a besoin.

Exercice 11

1. Passez-m'en un/Ne m'en passez pas. — 2. Prépare-lui-en un/Ne lui en prépare pas. — 3. Demandez-en une/N'en demandez pas. — 4. Laissez-lui-en une/Ne lui en laissez pas. — 5. Préparez-en un pour eux/N'en préparez pas pour eux. — 6. Changez-en/N'en changez pas. — 7. Envoyez-lui-en/Ne lui en envoyez pas. — 8. Prêtez-m'en/Ne m'en prêtez pas. — 9. Préparez-en une/N'en préparez pas. — 10. Laissez-lui-en/Ne lui en laissez pas.

Exercice 12 – p. 78

1. Elle en a besoin. — 2. J'en ai envie. — 3. Elle l'apprécie. — 4. Il en est capable. — 5. Je l'envisage. — 6. Je le lui ai dit. — 7. Il en est certain. — 8. J'en ai peur. — 9. Je m'en passerais. — 10. Elle le mérite. — 11. Je le regrette. — 12. Il l'a obtenu. — 13. Je le crains. — 14. J'en suis sûr. — 15. Je ne l'admets pas. — 16. Elle en est contente. 17. Je le lui ai conseillé. — 18. Je m'en souviens. — 19. Je le lui ai demandé. — 20. Je ne le supporterais pas.

N.B.: on remarque qu'à une construction avec *de* + *inf.* correspondent 2 constructions pronominales possibles (en/le). En fait, certains verbes se construisant avec *de* ne sont pas vraiment des verbes transitifs indirects puisque si l'on remplace l'infinitif par un nom, la construction est directe. Exemples:

J'ai envie *de* boire.
J'ai envie *d'*eau fraîche   J'*en* ai envie
Elle apprécie *d'*avoir été promue.
Elle apprécie cette promotion   Elle *l'*apprécie

Exercice 13

Exercice de créativité à faire faire en groupes.

Exercice 14 / Texte sur Paris

Vous, l'étranger qui arrivez à Paris, votre premier objectif sera sans doute d'aller voir la Tour Eiffel de vos propres yeux ou mieux de monter le plus haut possible vers son sommet. Car Paris, c'est avant tout la Tour Eiffel et ceci est vrai pour les habitants du monde entier! Pour *eux*, quand *ils* arrivent le soir et qu'*ils la* voient tout illuminée dans sa splendide robe dentelée d'or, c'est d'abord un éblouissement. Cependant *ils* s'apercevront bien vite qu'*ils* ne sont pas les seuls à *en* rêver. La file d'attente pour accéder aux guichets *s'*étire longuement entre des barres sinueuses. Il faut déjà *s'y* habituer! Mais, après tout quand on a fait un long voyage pour venir de Tokyo ou de Chicago, on peut encore *s'en* accommoder…

La visite de la capitale en bateau-mouche sera toujours pour *vous* une récompense et une détente heureuse. Glisser doucement sur la Seine dans laquelle *se* reflètent le grand ciel toujours changeant de Paris, les couleurs dorées de monuments et les frondaisons des arbres plantés harmonieusement le long des quais, permet de contempler la beauté d'un tableau que tant de peintres ont aimé exprimer. Ce sont eux qui ont su apporter sur les cimaises des musées de tous les continents les contours les plus familiers de Paris. Si *vous* êtes là aujourd'hui, c'est sans doute grâce à *eux*.

Les Champs-Élysées sont, dit-on, la plus belle avenue du monde. Leur largeur, leurs perspectives sur l'Arc de Triomphe et la Grande Arche de la Défense, leurs illuminations, leurs magasins de luxe ne cachent pas les longues pages d'Histoire tracées invisiblement sur leurs pavés qui gardent en *eux* tous les événements du passé de la France.

Notre-Dame de Paris, la grande cathédrale de l'Île de la Cité attire chaque année des millions de visiteurs. Les centaines d'années qu'il a fallu pour *la* construire, les innombrables heures de travail et de vies humaines sacrifiées, sa beauté de pierre, ses rosaces, son immensité, *la* rendent attachante. C'est à Notre-Dame que bat toujours le cœur de Paris lors des grands événements de la vie nationale. Pour mieux *s'*imprégner de l'âme de Notre-Dame, il faut *en* avoir quelques-uns à l'esprit afin de pouvoir *s'y* référer. En effet, ce que l'on voit avec le cœur a autant d'importance que ce que l'on voit avec les yeux.

On marche beaucoup à Paris. Les visiteurs sont souvent épuisés, mais Paris est aussi la ville des jardins et des parcs; une halte sur un banc des Tuileries ou du Luxembourg face au grand bassin est toujours un moment exaltant, reposant, un havre de paix et de douceur. On peut aussi ralentir son rythme en flânant sur les quais où les bouquinistes étalent des gravures et des livres: « Si *vous en* prenez trois, monsieur, *je vous les* donne pour six cents euros. » Comment ne pas *s'y* laisser prendre !

Visiter Paris représente des moments de découvertes sans cesse renouvelés si on sait *les* voir et *en* découvrir le charme. Charme des petits restaurants, des boutiques surannées de certains quartiers, des grands magasins rutilants de lumière, des galeries marchandes vitrées, des petits théâtres rouge et or, des galeries de peinture, de la marchande de fleurs au coin du Palais-Royal, de l'orgue de Barbarie sur le Pont de l'Île Saint-Louis et de tant d'autres coins que *vous* saurez apprécier par *vous*-mêmes.

Toi, le jeune étudiant, et *vous* les étrangers qui arrivez à Paris *vous* ne serez pas déçus, soyez-*en* persuadés. Cependant *vous* découvrirez vite que la visite d'une grande ville exige un dynamisme intérieur et une curiosité sans cesse renouvelée. Pensez-*y* avant de partir ! Au cas où *vous l'*auriez oublié, sachez qu'il existe de nombreux livres tout à fait capables de *vous* redonner l'appétit de *vous* lancer dans une exploration passionnante. *Vous en* serez enthousiasmé !

Remarques :
Ce texte comprend de nombreux verbes impersonnels; *il* (ex. il existe) dans ce cas est un pronom impersonnel.
On est un pronom indéfini.
L' (ce que l'on voit) n'est pas un pronom personnel; il n'a qu'une valeur euphonique pour éviter le hiatus.

Les pronoms démonstratifs cela/ça et ça/ce

Exercice – p. 81

1. Ça suffit comme ça ! (1er = remplace cela et résume une situation ou un comportement jugés intolérables/2e = ainsi)

2. Comme ça vous va bien cette couleur. (renforce le nom couleur postposé)

3. Ça t'avance à quoi? (= cela et résume la situation précédente)

4. La liberté, ça n'a pas de prix. (= elle; reprend le nom antéposé liberté)

5. Votre père, ça va mieux? (= il; remplace le nom de personne « père »)

6. Ça, ça m'étonnerait bien! (1er = sorte d'interjection/2e = cela et faisant allusion à une situation antérieure)

7. Ça, alors! (= renforce l'expression d'étonnement ou d'indignation)

8. Qu'est-ce-que c'est que ça? (= cela: un objet avec éventuellement une nuance de mépris)

9. Ça commence à bien faire! (*cf.* premier exemple)

10. Elle n'est pas si jolie que ça. (= que vous le prétendez)

11. Ça m'intéresse. (= cela et reprend le contexte précédent)

12. Vous valez mieux que ça. (= ce qu'on pourrait croire)

13. Ça y est. (expression idiomatique très souvent utilisée signifiant la plupart du temps « j'ai fini »)

14. Ça ne fait rien. (= cela n'a pas d'importance)

Les pronoms relatifs

Exercice 1 – p. 83

1. que. — 2. qui. — 3. dont. — 4. où (dans lequel). — 5. en quoi. — 6. où. — 7. dont. — 8. à quoi. — 9. qu'. — 10. où.

Exercice 2

1. par qui, lequel. — 2. sur lequel. — 3. auprès de qui, laquelle. — 4. avec lequel, au moyen duquel. — 5. chez/avec qui. — 6. selon lequel. — 7. grâce à quoi. — 8. avec qui/lesquels. — 9. contre lequel. — 10. derrière laquelle. — 11. en qui. — 12. pendant lesquelles. — 13. parmi lesquels.

Exercice 3

1. pour qui. — 2. lesquels. — 3. ce qui. — 4. qui/laquelle. — 5. quoi. — 6. lequel. — 7. desquelles. — 8. dont. — 9. ce dont. — 10. laquelle.

Exercice 4

1. qui. — 2. ce que. — 3. quoi. — 4. qu'. — 5. auxquels (ou: que). — 6. dont. — 7. ce que. — 8. où/dans lequel. — 9. auxquelles. — 10. laquelle.

Exercice 5 – p. 84

1. Ce débat qui a été suivi… était… — 2. Ce bateau que tu as pris… faisait… — 3. L'ébéniste que je t'ai… est… — 4. Cette jeune fille qui s'avance… est… — 5. Ce livre auquel tu tiens m'a intéressé. — 6. Cette clairière où nous… était… — 7. Le parfum que tu m'as… était… — 8. Ces personnes auxquelles vous avez fait… sont… — 9. Ce collier auquel je tiens… — 10. Cette garde-malade que vous avez fait…

Exercice 6

1. J'ai acheté une jupe dont la couleur… — 2. Le potier a fait une cruche dont la forme… — 3. …vous comptez mettre ces gants dont la couleur… — 4. …quelques jours de repos à la montagne dont le climat… — 5. Je te montrerai les photos dont je t'ai parlé. — 6. …ce film dont le sujet… —

7. Elle déteste sa bru dont le… — 8. Il a acheté une guitare dont il avait envie… — 9. J'aime les soirées d'été dont la luminosité… — 10. …réussir cet examen dont la difficulté est bien connue.

Exercice 7

1. …votre valise dont le poids… — 2. …tes ciseaux dont j'ai besoin. — 3. Vous trouvez charmante cette jeune fille dont la gaieté et la bonne humeur… — 4. …nouveaux ballets dont il a entendu parler. — 5. …les méridionaux dont l'accent… — 6. …son aquarelle dont il n'est… — 7. …région magnifique dont les forêts… — 8. C'est un chef-cuisinier réputé dont le pâté… — 9. …ces fleurs dont la finesse… — 10. …des réflexions amusantes dont l'humour…

Exercice 8

Propositions : 1. Ce bibelot auquel tient Pierre est un Saxe de toute beauté. — 2. Le village de Provence dans lequel il est né ne manque pas de cachet. — 3. Le guéridon sur lequel elle a posé ses clés est marqueté. — 4. L'époque à laquelle cet événement a eu lieu est encore très proche. — 5. Le contremaître grâce à qui/auquel il a réussi est mon beau-frère. — 6. Cette réponse à laquelle il ne s'attendait pas lui a cloué le bec. — 7. Le coucher de soleil qu'elles regardaient était splendide. — 8. L'outil dont j'ai besoin est difficile à manier. — 9. Le fleuriste chez qui/chez lequel elle est allée appartient à la chaîne Interflora. — 10. Ce médecin en qui j'ai toute confiance, m'a conseillé une intervention chirurgicale. — 11. Le passant qu'il a bousculé l'a regardé d'un air torve. — 12. La rue piétonne dans laquelle nous habitons, va être pavée. — 13. La nouvelle à l'annonce de laquelle elle s'est évanouie était véritablement tragique. — 14. La lettre à laquelle tu as fait allusion est strictement confidentielle. — 15. L'autre solution qu'il nous a proposée me paraît bien meilleure.

Exercice 9 – p. 85

1. Ce poignard, dont le manche est ciselé… — 2. Cet étudiant dont la capacité de travail est assez rare, réussira certainement. — 3. Ces petites filles dont la ressemblance est… sont… — 4. Il a acheté chez un brocanteur ce fauteuil dont les couleurs… — 5. Ce malade, dont le pouls et la tension baissent, est… — 6. Il me semble que cette mansarde, dont les poutres… — 7. Ces fleurs, dont j'ai oublié le nom… — 8. Cette chanson, dont le refrain… — 9. Ce clavecin, dont nous avons pu apprécier la sonorité… — 10. Ce buisson, dont les baies… — 11. Savez-vous que les hommes préhistoriques, dont les traces…? — 12. J'ai cueilli un bouquet de lavande dont le parfum… — 13. Cette vieille dame, dont le chien est…

Exercice 10

1. Il aime sa chambre sur les murs de laquelle il y a… — 2. Nous avons visité un château en ruines sur les murailles duquel… — 3. Elles ont apporté sur la plage un parasol à l'ombre duquel… — 4. Pour ton anniversaire, tu as reçu une carte postale au bas de laquelle… — 5. Elle peut s'appuyer sur son père auprès de qui/duquel… — 6. Voici l'adresse de l'agence immobilière avec le directeur de laquelle… — 7. Le pêcheur se dirigeait vers la rivière sur les bords de laquelle… — 8. … tes parents à côté de qui/desquels… — 9. Ces arbres, sous les branches desquels nous nous sommes abrités, étaient… — 10. Les policiers, à l'arrivée desquels les cambrioleurs…

Exercice 11 – p. 86

1. Je vais souvent dans un restaurant au menu duquel… — 2. Voici des livres à l'intérieur desquels… — 3. Il a traversé à la nage une rivière sur les bords de laquelle… — 4. J'habite dans une rue sur les trottoirs de laquelle… — 5. Elle a pris de jolies photos sur lesquelles… — 6. … des livres anciens sur la couverture desquels… — 7. … une radio à la suite de laquelle… — 8. C'est une façon de vivre à laquelle… — 9. C'est un texte bien hermétique auquel je ne… — 10. … à un banquet à l'occasion duquel…

Exercice 12

Exercice de créativité.

Les prépositions

Exercice 1 – p. 89

1. des. — 2. à, par, ou par. — 3. à, dans, près du/en face du/à côté du, du. — 4. en, en. — 5. en, au, à. — 6. au, en. — 7. à la, à (la ville)/au (la province). — 8. aux, près d'/ au nord d'. — 9. à, à, en. — 10. en, dans le.

Exercice 2

1. dans, (pour). — 2. en, à. — 3. de, à. — 4. à, de, de. — 5. de, à. — 6. à, au. — 7. sauf, à, à. — 8. à, au. — 9. de, en. — 10. au, de, à.

Exercice 3

1. à. — 2. de. — 3. pour. — 4. de/en. — 5. à/de. — 6. à. — 7. de. — 8. sur. — 9. contre ; à. — 10. de ; à. — 11. sur. — 12. avec. — 13. derrière. — 14. de. — 15. à. — 16. pour.

Exercice 4

1. pour. — 2. de. — 3. d', sur. — 4. en, de. — 5. de, à. — 6. à. — 7. en. — 8. à, dans, de, à. — 9. de, avec, pour, à, de. — 10. sous, d'.

Exercice 5 – p. 90

1. en, avec. — 2. sur, de, de. — 3. sur, des. — 4. contre, en. — 5. en, de, dans. — 6. de, en. — 7. de, sur. — 8. dans, dans. — 9. en. — 10. à, dans.

Exercice 6

1. à. — 2. sur. — 3. à, de. — 4. à, à, avec. — 5. contre, d', de. — 6. en, avec. — 7. sur. — 8. sur. — 9. à. — 10. d', à/en, de, à. — 11. avec. — 12. pour, dans. — 13. sur. — 14. sous, de. — 15. de. — 16. avec.

Exercice 7

1. de, d', en, au. — 2. par. — 3. en. — 4. de. — 5. à, de. — 6. de. — 7. à, de. — 8. pour. — 9. de, en. — 10. de, dans. — 11. pour, à. — 12. d', de, sur. — 13. à, de.

Exercice 8

1. pendant/lors, de/au, cours, de/durant. — 2. en, dans. — 3. à/en, dans, en. — 4. en. — 5. dans. — 6. dans. — 7. en, en, en. — 8. dans. — 9. d', en. — 10. dans. — 11. en. — 12. à, à, dans. — 13. sur, en, de. — 14. En. — 15. en, en. — 16. avec/grâce à, en, au.

Exercice 9 – p. 91

1. sur, au, par. — 2. en, en. — 3. chez, chez. — 4. à. — 5. en, de. — 6. dans, en, à. — 7. à. — 8. de. — 9. dans, sur, de. — 10. à. — 11. au, à. — 12. en, par. — 13. de, avec. — 14. entre. — 15. à. — 16. pour.

Exercice 10

À : 1 — 4 — 6 — 8 — 10.
De : 2 — 3 — 5 — 7 — 9.

Exercice 11

1. en passe d'. — 2. à l'encontre de. — 3. à l'avenant. — 4. en contrepartie. — 5. à l'instar de. — 6. à l'avenant. — 7. à l'instar des. — 8. de pair avec. — 9. à l'encontre de. — 10. en passe de.

Exercice 12 – p. 92

1. Temps/cause. — 2. But. — 3. Cause. — 4. Cause. — 5. Cause. — 6. Conséquence. — 7. But. — 8. Conséquence. — 9. Temps. — 10. But. — 11. Cause. — 12. Prix. — 13. Échange. — 14. Durée.

Exercice 13

Exercice de créativité.

Exercice 14 – p. 93 / Deux publicités

1. *En voiture*

La visibilité c'est bien sûr *pour* le bon conducteur le souci *de* ne pas encombrer inutilement sa lunette arrière *avec* tout ce qui peut être rangé *dans* le coffre ou *dans* un vide-poches *par* exemple.

C'est encore *d'*avoir un pare-brise très propre *en* permanence exactement comme les verres de phares qui eux aussi ont le droit *à* votre attention. Mais *au* fond, tout cela, c'est un peu le b-a ba. Les exigences *de* la visibilité dépassent ces soucis courants *pour* rejoindre un des plus grands problèmes posés *au* conducteur : celui *de* l'appréciation *de* la vitesse. Physiologiquement, l'homme est peu armé *pour* apprécier la vitesse.

Il dispose bien *d'*un sens spécial de l'équilibre dont les récepteurs placés *dans* l'oreille interne sont chargés *de* transmettre *au* cerveau des informations qui sont complétées, recoupées *en* quelque sorte *par* l'inertie *de* votre corps. Mais cette mécanique extraordinairement perfectionnée ne fonctionne que si la vitesse varie continuellement.

Sinon elle se met *en* sommeil. À vitesse constante donc, seul l'œil accepte ce travail qui exige une visibilité irréprochable, la plus périphérique possible. *De* ce fait, l'habitacle *de* la voiture doit être une véritable tour de contrôle, dont la visibilité est primordiale. Est-ce suffisant ? Pas tout à fait. L'œil n'enregistre qu'une succession d'images. Il vous reste *à* les interpréter pour prévoir ce qui ne se trouve pas *dans* votre champ visuel.

2. *Air Dauphiné*

Chaque mois ou chaque trimestre, à date régulière, les 40 000 associations recensées *en* France se retrouvent *devant* le même problème : où se réunir ?

À toutes ces associations *en* quête *de* nouveauté et *de* dépaysement, Air Daupiné propose des voyages *de* groupes *dans* tous les pays couverts *par* son réseau.

Comment bénéficier *de* cette formule et aussi *de* ses tarifs préférentiels ? Dites-nous les destinations que vous aimeriez connaître, la durée et les conditions *de* séjour envisagées. *En* fonction *de* tous ces éléments et, bien sûr, *de* vos possibilités *de* trésorerie, nous vous proposerons le voyage exactement adapté *à* votre groupement. *Sur* mesure, *en* quelque sorte. Ainsi, *pour* 10 personnes, nous offrons, *par* exemple, 9 jours à New York, *pour* 1 490 F *par* membre. Voyage *par* Air Dauphiné et hôtel inclus. (lic. 583).

Quand vous chercherez un endroit où vous réunir, n'oubliez pas qu'Air Dauphiné vous propose le monde entier. *Pour* avoir des renseignements plus détaillés, consultez les agences *de* voyages agréées *par* Air Dauphine ou écrivez *à* notre service « Voyages » qui vous fera contacter *par* un spécialiste *de* votre région (liste *des* Agences *sur* demande).

Exercice 15 / Même travail

On aborda devant un bois *de* sapins. *Sur* le débarcadère, les passagers durent attendre un instant, serrés les uns *contre* les autres, qu'un des bateliers eût ouvert le cadenas de la barrière. *Avec* quel émoi Meaulnes se rappelait *dans* la suite cette minute où, *sur* le bord de l'étang, il avait eu très *près du* sien le visage désormais perdu de la jeune fille. Il avait regardé ce profil si pur, *de* tous ses yeux jusqu'à ce qu'ils fussent près de s'emplir *de* larmes.

À terre, tout s'arrangea comme *dans* un rêve. Tandis que les enfants couraient *avec* des cris de joie, Meaulnes s'avança *dans* une allée où, *à* dix pas *devant* lui, marchait la jeune fille. Il se trouva près d'elle *sans* avoir eu le temps *de* réfléchir.

« Vous êtes belle », dit-il simplement.

Alain Fournier
Le Grand Meaulnes (Fayard)

Le « ne » explétif

Exercice 1 – p. 95

1. Sortez, avant que je ne me mette en colère. — 2. Il veut changer de voiture, de peur que celle qu'il a ne tombe en panne. — 3. L'inspecteur de police ne doute pas que le notaire ne soit impliqué dans l'affaire. — 4. …sans que le douanier (ne) s'en soit aperçu. — 5. …à moins que tu ne désires aller ailleurs. — 6. …je crains qu'il ne soit pas facile à supporter. — 7. …que l'on ne pense. — 8. …je ne nie pas que vous ne puissiez avoir de belles aspirations. — 9. …que des éléments nouveaux n'interviennent. — 10. …ne soit inévitable ?

Exercice 2

1. …que le traitement *n'*ait des effets secondaires et que le patient *ne* s'affaiblisse encore plus. — 2. …son fiancé *ne* lui soit infidèle. — 3. …que le gouvernement *ne* soit sourd à leurs revendications. — 4. …de drogue *ne* parviennent à vendre leur marchandise à la sortie des écoles. — 5. …que leurs enfants *ne* soient déçus par l'existence. — 6. …que vos diplômes *ne* soient importants, mais ils ne sont pas reconnus en France. — 7. …qu'il *n'*ait eu affaire à la victime. — 8. …qu'on *ne* déclenche une avalanche. — 9. …qu'il *ne* fasse des remarques désobligeantes. — 10. …qu'il *ne* travaille à sa thèse.

Exercice 3

1. …qu'il *ne* le *semblait*. — 2. …qu'ils *ne* le *prévoyaient/ne l'avaient prévu*. — 3. …que je *ne l'avais pensé* à première vue. — 4. …que le mécanicien *ne l'avait prévu*. — 5. …qu'on *ne l'avait annoncé*. — 6. …que ses collègues *ne* le *croyaient*. — 7. …que je *ne l'imaginais/*… que je *ne l'aurais imaginé*. — 8. …qu'elle *n'avait travaillé*. — 9. …qu'il *ne* la *prit*. — 10. …qu'il *ne* se soumette. — 11. …qu'il *n'ait pris/ne prenne*. — 12. …que l'orage *n'éclate*.

L'expression de la réalité du concret

Exercice 1 – p. 97

Habitude : 1 — 6 — 10.
Sens courant : 2 — 3 — 5 — (1) — 8.
Vérité générale : 4.
Futur proche : 5 (rencontre).
Si (possibilité) : 7.
Présent de narration : 9.

Exercice 2

1. parle, elle finit. — 2. elle veut, elle ferme. — 3. asseyez-vous. — 4. il travaille, il acquiert. — 5. vous vous distrayez. — 6. je lis. — 7. tu lies. — 8. tu mouds. — 9. égayent ou égaient. — 10. ils nettoient. — 11. reçoit. — 12. il geint. — 13. atteignent, étreint. — 14. tue, va.

Exercice 3

1. Pond. — 2. Il rejoint. — 3. Vous teignez. — 4. Il cisèle. — 5. Tu répètes. — 6. Ils jettent. — 7. Nous nous rappelons. — 8. Nous crions. — 9. Fuyez-vous.

Exercice 4

Plusieurs structures verbales étant possibles, nous ne donnons ici que quelques possibilités :

1. Une gomme est un bloc de caoutchouc qui sert à effacer. — 2. Une chaise longue est une sorte de grand fauteuil dont on se sert lorsqu'on veut s'étendre. — 3. Une pince à ongles est un instrument servant à… — 4. Une brouette est un petit véhicule utilisé en jardinage pour… — 5. Un taxi est un moyen de transport (une voiture munie d'un compteur) qu'on utilise… — 6. Un compas est un instrument qui sert à… — 7. L'alcool à 90º est un liquide utilisé en… — 8. Un marteau est un outil dont on se sert pour… — 9. Un aspirateur est un appareil ménager… — 10. Une mayonnaise est une sauce qu'on obtient en mélangeant moutarde, œuf et huile…

Exercice 5

1. Vous asseyez-vous avec nous ?/ Vous vous asseyez avec nous ? — 2. Cela doit coûter cher ? — 3. Je vous donne/Je vous offre/Je vous sers un verre de vin ? — 4. Est-ce que j'ai le temps d'aller faire une course ? — 5. Pourquoi as-tu douté du succès de ta fille ? — 6. Ils sont à l'aise maintenant ? — 7. On fait réparer notre vieille voiture ? — 8. Pouvez-vous nous dire qui est ce personnage ? — 9. Tu n'as pas l'air bien enthousiasmé par cette idée ? — 10. On pourrait peut-être faire un crochet par Lyon ?

Exercice 6 – p. 98

Exercice de créativité à faire faire par groupes.

Exercice 7

1. La nuit porte conseil. — 2. Mieux vaut tard que jamais. — 3. Les cordonniers sont les plus mal chaussés. — 4. Chose promise, chose due. — 5. Il ne faut pas se fier à la mine. — 6. Pas de nouvelles, bonnes nouvelles. — 7. Plus on est de fous, plus on rit. — 8. Tout est bien qui finit bien. — 9. Il n'y a que le premier pas qui coûte. — 10. A chaque jour suffit sa peine.

Exercice 8 – p. 99 / Biographies de Gérard de Nerval et d'Agatha Christie

Exercice de créativité entraînant une production écrite. À faire faire en groupes.

Exercice 9– p. 100

Exercice de créativité.

Exercice 10

Lecture de texte.

Exercice 11 – p. 101

1. Les deux futurs du paragraphe 4 (assurera et seront) marquent une certitude dans l'avenir et impliquent par là même une idée de sécurité.

2. Idées principales

a) La date du commencement des vacances d'été a généralement des limites floues.

b) La première semaine de vacances, qui marque la rupture avec le reste de l'année, contraste avec la contrainte des semaines écoulées.

c) Les possibilités de vacances sont diverses; elles varient avec les ressources financières et les conditions familiales.

d) Les vacances accusent la disparité entre les différents milieux sociaux et culturels.

e) Deux buts que les éducateurs doivent atteindre: apprendre aux enfants à gérer leur temps libre et savoir transmettre des motivations.

3. Réponse personnelle
Une personnalité se construit à partir de tout ce qu'elle reçoit.

4. Exercice de créativité.

Les temps du passé

Exercice 1 – p. 106

Habitude : 1.
Description : 2 — 3 — 5.
Situation dans le passé : 4.
Si + hypothèse : 6.
Imparfait historique : 7.
Si + expression d'un sentiment (regret, fureur, ici étonnement ou indignation) : 8.
Atténuation de la réalité : 9.
Irréel du passé : 10.

Exercice 2

1. Il s'asseyait. — 2. Il intervenait. — 3. Nous nous amusions. — 4. On voyait. — 5. Ils se reposaient, nous riions, nous entendions. — 6. On disait… qui ne lui plaisait pas… il faisait… — 7. Contait, voulait. — 8. Nous nous habillions. — 9. …voletait. — 10. Nous cueillions… couraient.

Exercice 3

1. Nous nous ennuyions… — 2. Elle attendait… c'était… elle mettait… et y pensait… — 3. S'ouvrait. — 4. Il devenait… brillait… — 5. Elles traînaient… ils étaient… n'avaient pas… — 6. Approchait… je descendais… j'allais.

Exercice 4

1. …tu as visité. — 2. Il nous a dit… m'ont fait plaisir… — 3. …lui a offert… — 4. Il s'est lavé… — 5. …nous sommes revenus… — 6. Il est monté… il a monté… — 7. …moi qui ai fait… vous qui l'avez mangé. — 8. Ils sont revenus… — 9. Elle n'a vécu que… — 10. Nous nous sommes tus… nous avons compris…

Exercice 5 – p. 107

1. …a rompu… — 2. Je me suis résolu… j'ai su… — 3. Il a suffi. — 4. Il a plu… — 5. Vous avez franchi… — 6. J'ai eu maille à partir. — 7. Il a cru… — 8. Vous avez mis… — 9. …elle s'est levée, est partie. — 10. Nous avons entrouvert.

Exercice 6

Exercice de créativité.

Exercice 7

1. Je vis… elle me déplut… — 2. Naquit… — 3. Il se résolut… — 4. Quand vint… elle comprit… — 5. …vécut… — 6. …obtint… — 7…s'abstint… — 8. …acquit… — 9. …alla… — 10. Je sus… — 11. Nous ne crûmes pas… — 12. Ils résolurent…

Exercice 8

1. …(il) a acquis… lui a permis. — 2. Il ne reste plus… Les enfants ont tout bu. — 3. Ils vivent… — 4. Elle a mis/met (habitude)… — 5. Les Français élisent… — 6. …je m'occupe… — 7. Les fermiers traient. — 8. Le train est parti… — 9. …l'a beaucoup fatigué… — 10. …nous avons visité… il nous a plu… nous avons signé…

Exercice 9 – p. 108

Dans les phrases de cet exercice, le passé-composé du premier verbe exprime une action achevée, et celui du deuxième exprime un résultat vérifiable au moment de l'énonciation.

1. Nous n'avons pas fauché, …ont envahi. — 2. Il y a eu…, …a été arraché. — 3. …a traversé, … il a été blessé. — 4. On a commencé…, …a été laminée. — 5. …a pris…, …ont été nettoyées. — 6. Elle est revenue…; …a beaucoup grossi. — 7. Il a acheté…, …a disparu. — 8. Elle a donné…, …il a rétréci. — 9. …se sont disputés, … ont été brouillés. — 10. …a offert, … leur a dédicacé.

Exercice 10

Exercice de créativité dont l'objectif est d'amener les élèves à répondre en utilisant un verbe à l'imparfait pour décrire un état passé.

1. Les enfants étaient mal nourris, mal soignés ; ils travaillaient très jeunes…

Exercice 11

Exercice de créativité où l'élève doit opposer un état passé à un état présent avec l'aide des indicateurs temporels cités (la liste peut être complétée). Il préparera à *l'exercice 12* dans lequel l'élève doit décrire les images de son choix illustrant une habitude du passé qu'il opposera ensuite au même thème (vu au présent).
« Autrefois… maintenant/de nos jours… »

Exercice 12 – p. 110

Exercice de créativité pouvant donner lieu à une longue description faite en groupe ou individuellement.

Exercice 13

Voici une biographie possible parmi d'autres : Mozart naquit en 1756 à Salzbourg. En 1762, il composa ses… Il dirigea de nombreux concerts… Il fit un séjour … se maria en 1782. C'est cette même année que débuta son amitié… En 1786 eut lieu la première des *Noces de Figaro* qui fut/remporta un triomphe. *Don Giovanni* fut représenté… En 1791 il entreprit la composition… mais il tomba malade et mourut. Le *Requiem* fut terminé…

Exercice 14

1. Elle se leva/elle s'est levée, le soleil brillait. — 2. Ses parents étaient… l'accident est arrivé/arriva. — 3. Je suis allé(e)… ils n'étaient pas là. — 4. …elle s'est tournée/se tourna… elle avait… — 5. Le

bébé s'est réveillé/se réveilla… les enfants faisaient/avaient fait… — 6. Je ne t'ai pas raconté… tu la connaissais… — 7. …nous sortions… a débouché… nous a heurtés… — 8. …il a choisi… il n'en prévoyait pas… — 9. …n'a pas atterri… rendait… — 10. …il a reconnu/reconnut… n'étaient pas…

Exercice 15

Dans les réponses, on fera bien la différence entre l'imparfait, action en cours d'accomplissement et le passé-composé, action commençant ou s'achevant :

Exemple :
– Qu'est-ce qui se passait quand tu es rentré dans la salle ?
– Tout le monde *riait*.
– Tout le monde *s'est arrêté* de parler.
– Tu t'es moqué de lui, qu'est-ce qu'il disait ?
– Il *prétendait* que toutes les filles étaient amoureuses de lui.
– Qu'est-ce qu'il a dit ?
– Il *s'est fâché* et il est parti furieux. etc.

Exercice 16 – p. 111

1. Pourquoi n'es-tu pas allé ouvrir ?
   – J'ai pensé que Martine irait ouvrir.
   – J'écoutais de la musique.

2. Pourquoi est-ce que tu ne lui as pas répondu ?
   – Je n'ai pas compris exactement sa question.
   – Ça me gênait de le décevoir.

3. Pourquoi n'as-tu pas acheté d'ananas ?
   – Je n'en ai pas trouvé.
   – Ils n'étaient pas mûrs.

4. Pourquoi n'es-tu pas allé à Florence ?
   – Jean est tombé malade.
   – Il faisait trop froid.

5. Pourquoi as-tu donné ta robe rouge ?
   – Sylvie me l'a demandée plusieurs fois.
   – Elle ne m'allait plus.

6. Pourquoi as-tu arrêté de faire du ski ?
   – J'ai eu une crise de rhumatismes articulaires.
   – Mes skis étaient cassés et je n'avais pas de quoi m'en payer d'autres.

7. Pourquoi as-tu pris ce train-là ?
   – J'ai préféré voyager de nuit.
   – Il arrivait une heure plus tôt et il était direct.

8. Pourquoi n'as-tu pas suivi strictement la recette ?
   – J'étais pressé.
   – J'ai pensé que le gâteau serait trop sucré.

9. Pourquoi n'as-tu pas répondu à ma lettre ?
   – Je ne l'ai jamais reçue, ta lettre !
   – J'étais complètement débordé à cette époque.

10. Pourquoi n'as-tu rien dit ?
    – Je n'ai pas osé affronter leurs critiques.
    – Cela me paraissait tellement évident qu'il n'était pour rien dans cette affaire.

Exercice 17

— Bonjour! Alors, ces vacances? Elles *se sont bien passées*? *Tu as fait* un bon voyage? Le Midi, *c'était* beau?
— Ah oui, magnifique. Mais *tu as bien failli* ne pas me revoir de sitôt. Si *tu savais* ce qui *m'est arrivé*!
— …
— *J'étais* au volant de ma voiture sur une petite route qui *longeait* le bord de la mer. Délicieux. *Je me suis dit* que *j'étais* en avance sur mon horaire et que *j'avais* dix fois le temps de prendre un bon petit bain. La plage *paraissait* tranquille. il n'y *avait* pas grand monde. Bon. *Je me suis déshabillé.(e)* *J'ai posé* mes affaires sur le sable, *j'ai mis* la clé de ma voiture au fond de ma chaussure avec mes vêtements en tas par-dessus. *Je suis entré(e)* dans l'eau sans aucune inquiétude. Et *j'ai nagé, j'ai nagé*. Du large, de temps en temps, *je jetais* un coup d'œil sur mes affaires qui en même temps me *servaient* de repère. Tout d'un coup, *je n'ai plus rien vu*. *Je me suis dit* que *je devais* me tromper, qu'*elles étaient* un peu plus à gauche.
Quand *je suis sorti(e)*de l'eau, *je n'ai plus rien retrouvé*. *J'ai cherché* un moment et *j'ai fini* par comprendre qu'*on avait volé mes vêtements* et qui plus est, la clé de ma voiture. *J'ai demandé* aux gens qui *étaient assis* sur la plage. Naturellement personne n'*avait rien vu*. Il *a fallu* que j'aille au commissariat de police en slip. *Je me sentais* ridicule et *je voyais* bien que les gendarmes *prenaient* le fou rire en me voyant. *J'ai dû* téléphoner à mon frère qui *était* en vacances dans la région. *Il m'a apporté* des vêtements et *m'a* conduit(e) chez un garagiste qui par bonheur *était* le dépositaire d'une marque de clés qui *correspondait* à la mienne car il *avait travaillé* autrefois chez Renault.

Exercice 18 – p. 112

Comme tous les matins, *je préparais* mon étalage de fruits et légumes. *J'étais* en train de ranger un cageot de mandarines lorsque, tout à coup *j'ai entendu* un coup de feu. Sur le moment, *je n'ai rien vu* et *j'ai continué* à disposer mes fruits en me disant que peut-être *je m'étais trompé/je me trompais*. *Je n'avais pas fini* ma phrase que *j'ai vu* un homme qui *passait* en courant, suivi d'un autre qui *avait* un pistolet à la main et qui *hurlait* des menaces.
J'ai appelé au secours. Des voisins *sont sortis* dans la rue et *nous nous sommes mis* à courir pour rejoindre les deux hommes. Ceux-ci *avaient disparu*. *Nous avions perdu* leurs traces. Personne ne *savait* qui *ils étaient*. Pourtant, plusieurs habitants du quartier *ont dit* que, la veille, *ils avaient remarqué* un individu bizarre qui *était passé* à plusieurs reprises dans la rue et *avait interpellé* des passants pour leur demander des renseignements curieux. *Ils avaient été étonnés* mais *ils n'y avaient plus pensé*. Maintenant, *ils comprenaient*. *C'était* certainement l'homme au pistolet.

Exercice 19

Madame,
Je vous ai écrit il y a quelques jours à tout hasard pour vous dire que *je souhaitais* travailler chez vous en tant que fille au pair pendant cette année scolaire. *J'ai eu* votre adresse par une amie qui *avait été employée* chez vous il y a trois ans et qui *a gardé* un excellent souvenir de votre famille.
J'ai bien reçu votre lettre m'indiquant les conditions et je vous en remercie.
Je m'apprêtais à vous répondre pour vous donner mon assentiment quand *j'ai reçu* un avis de mon université que je *n'attendais* plus lorsque *je vous ai écrit*. En effet, en avril dernier, *j'avais déposé* un dossier et *on m'avait dit* que les listes *étaient* closes, qu'*il ne fallait pas* espérer une inscription. On *m'avait mise* sur une liste d'attente. Entre temps, *il y a eu* des désistements, si bien que maintenant je peux m'inscrire et rester en Allemagne cette année. Je suis désolée de vous *faire/avoir fait* perdre du temps pour chercher une aide…

Exercice 20 – p. 113

… Le premier instant de frayeur passé, ils appelèrent la concierge : *c'était* une vieille espagnole qui *était* là depuis les tout débuts de l'immeuble. Elle *arriva*, vêtue d'un peignoir orange à ramages verts, leur *ordonna* de se taire, et les *prévint* qu'ils ne *devaient* pas s'attendre à ce qu'on vienne les secourir avant plusieurs heures.

Restés seuls dans le petit jour blême, les quatre jeunes gens *firent* l'inventaire de leurs richesses. Flora Champigny *avait* au fond de son sac un restant de noisettes grillées qu'ils *se partagèrent, ce qu'ils regrettèrent* aussitôt car leur soif *s'en trouva* accrue. Valène *avait* un briquet et Monsieur Jérôme des cigarettes ; *ils en allumèrent* quelques-unes, mais de toute évidence, ils auraient préféré boire. Raymond Albin *proposa* de passer le temps en faisant une belote et *sortit* de ses poches un jeu grais-seux, mais *ils s'aperçurent* aussitôt qu'*il y manquait* le valet de trèfle. *Ils décidèrent* de remplacer ce valet perdu par un morceau de papier de format identique sur lequel ils dessineraient un bonhomme tête-bêche, un trèfle, un grand V et même le nom du valet. Ils se *disputèrent* quelques instants puis *convinrent* qu'il n'*était* pas absolument nécessaire de mettre le nom du valet. *Ils cherchèrent* alors un morceau de papier. Monsieur Jérôme *proposa* une de ses cartes de visite, mais *elles n'avaient pas* le format requis. Ce qu'*ils trouvèrent* de mieux, *ce fut* un fragment d'enveloppe provenant d'une lettre que Valène *avait reçue* la veille…

Georges Pérec, La vie mode d'emploi, © Hachette, 1978.

Exercice 21

Exercice de créativité.

Exercice 22 – p. 114 / Nouvelle de Maupassant

C'était l'hiver dernier, dans une forêt du nord-est de la France. La nuit *vint* deux heures plus tôt, tant le ciel *était* sombre. *J'avais* pour guide un paysan qui *marchait* à mon côté, par un tout petit chemin, sous une voûte de sapins dont le vent déchaîné *tirait* des hurlements. Entre les cimes, je *voyais* cou-rir des nuages en déroute, des nuages éperdus qui *semblaient* fuir devant une épouvante. Parfois sous une immense rafale, toute la forêt *s'inclinait* dans le même sens avec un gémissement de souffrance. Nous *devions* souper chez un garde forestier dont la maison *n'était* plus éloignée de nous. *J'allais* là pour chasser.

Mon guide, parfois, *levait* les yeux et *murmurait* : « Triste temps ! » Puis il me *parla* des gens chez qui nous *arrivions*. Le père *avait tué* un braconnier deux ans auparavant, et, depuis ce jour, il *semblait* sombre, comme hanté d'un souvenir. Les ténèbres *étaient* profondes. Enfin, *j'aperçus* une lumière et bientôt mon compagnon *heurtait* une porte. Nous *entrâmes*. Ce *fut* un inoubliable tableau. Un vieil homme à cheveux blancs, à l'œil fou, le fusil chargé dans la main nous *attendait* debout au milieu de la cuisine, tandis que deux grands gaillards, armés de haches *gardaient* la porte.

***

Nous *restâmes* là jusqu'à l'aurore, incapables de bouger, de dire un mot, crispés dans un affolement indicible.

On *n'osa* débarricader la sortie qu'en apercevant, par la fente d'un auvent, un mince rayon de jour. Au pied du mur, contre la porte, le vieux chien *gisait*, la gueule brisée d'une balle. Il *était sorti* de la cour en creusant un trou sous la palissade.

Guy de Maupassant, Nouvelles de la peur et de l'angoisse
© Albin Michel

a) Analyse des temps utilisés

Comme dans la plupart des textes romanesques au passé, nous avons une alternance de passages des-criptifs à l'imparfait et de passages narratifs au passé simple.

C'était: présentation du moment et du lieu où vont se passer les événements

vint: la narration commence

était/j'avais/marchait/tirait/voyais/semblaient/devions/n'était/j'allais:
séquence descriptive (les personnages et le cadre) constituée de verbes d'état et d'action. L'imparfait exprimant des actions en cours d'accomplissement

parfois s'inclinait/levait/murmurait: l'imparfait descriptif a en plus, ici, plutôt une valeur de répétition que d'habitude

parla: la narration se poursuit (connecteur temporel: *puis*)

arrivions = allions arriver, futur proche du passé

avait tué = action antérieure

semblait = description du père

étaient profondes = retour à la description du décor

j'aperçus: suite de la narration introduite par *enfin*

heurtait = imparfait « flash » ou de rupture introduit par *bientôt;* on aurait pu avoir: « bientôt mon compagnon heurta une porte »

entrâmes/ce fut: chute de cette séquence narrative; remarquons que le verbe être, descriptif par essence, est ici au passé simple, ce qui renforce l'effet de suspense voulu par Maupassant

attendait/gardaient: développement et explication du terme *spectacle*

restâmes/n'osa: fin de la narration

gisait = dernier tableau

était sorti = explication

b) Élaboration de la séquence intermédiaire

Exercice de créativité. Nous recommandons de lire le texte de Maupassant dans sa totalité.

Les passés relatifs

Exercice 1 – p. 118

1. Je ne savais pas que *tu étais allé* t'inscrire à ce cours. — 2. Je ne me suis pas rappelé si *elle avait rencontré* son mari au Maroc ou au Canada. — 3. Elle a dit que son fils *avait réussi*. — 4. Et pourtant, j'étais sûr qu'*on m'avait dit* qu'*il avait échoué*. — 5. J'ai couru pour être à l'heure à la séance mais *elle avait déjà commencé*. — 6. Pierre m'a écrit qu'*il avait eu* des ennuis avec sa voiture. — 7. Elle a pu continuer ses études parce qu'*elle avait obtenu* une prolongation de sa bourse. — 8. Elle n'a pas pris son parapluie car *il avait cessé* de pleuvoir. — 9. Le secrétaire a certifié qu'*il avait envoyé* la lettre par retour du courrier. — 10. Dans sa lettre, le directeur certifiait qu'*il avait prévenu* le personnel du changement d'horaire.

Exercice 2

Propositions pour cet exercice de créativité :

1. Avant, elle avait loué une camionnette pour déménager. Ses amis lui avaient proposé de l'aider et elle avait naturellement accepté. Les hommes s'étaient chargés des meubles et les filles avaient emballé la vaisselle et fait des cartons. Elle avait beaucoup jeté! L'emménagement s'était bien passé, rien n'avait été cassé. Enfin, elle avait invité tout le monde dans un bon restaurant pour les remercier.

2. Un épais brouillard était tombé et comme la pluie ne s'était pas arrêtée, la chaussée était devenue très glissante. Le chauffeur d'un poids lourd avait perdu le contrôle de son véhicule en doublant un autre camion et avait percuté la glissière centrale. Cinq voitures n'avaient pas pu freiner à temps et avaient percuté les véhicules immobilisés en travers de l'autoroute.

3. Bien avant, il avait fait des économies! Quelques semaines avant le départ, il avait d'abord vérifié si son passeport était toujours valable, puis il avait demandé un visa et avait pris son billet d'avion. Il s'était fait faire tous les vaccins nécessaires. Il avait passé des heures dans une librairie spécialisée et avait acheté toutes sortes de cartes. Il avait emprunté à un copain les Guides du Routard des différents pays qu'il avait choisi de découvrir. Il avait sorti ses sacs de voyage et avait choisi les plus pratiques. Il était prêt à partir!

4. Il avait commencé par lui couper les cheveux. Il avait teint ses cheveux blonds en un roux éclatant. Il lui avait fait une permanente et sa chevelure très raide était devenue frisée comme la toison d'un mouton. Sa raie au milieu avait été remplacée par une frange. Son mari ne l'avait pas reconnue quand elle avait sonné à la porte.

5. Ils avaient vraiment mis les petits plats dans les grands.
Il avait préparé sur la petite table du salon des amuse-gueules de toutes sortes ainsi qu'un choix de boissons alcoolisées et de jus de fruit. Elle avait choisi une jolie nappe qu'elle avait rapportée du Maroc et dont elle ne s'était encore jamais servie et avait mis la table. Elle avait posé au milieu un bouquet de petites roses jaunes. Elle avait une dernière fois vérifié que son repas était prêt : elle pouvait aller se faire belle.

Exercice 3

Propositions, parmi d'autres, de phrases :

1. Comme il se sentait fiévreux, il est rentré chez lui et s'est mis au lit. — 2. Une fois qu'il a eu compris la difficulté, il a fait l'exercice qu'il a trouvé simple. — 3. Quand elle est arrivée chez elle, elle a pris une douche parce qu'elle avait trop chaud. — 4. Lorsqu'il essaya de démarrer, sa voiture cala car il avait oublié de desserrer les freins. — 5. Quand Sylvie est née, tout le monde a remarqué à quel point elle ressemblait à sa mère. — 6. Comme j'avais une réclamation à faire, j'ai pris l'annuaire pour trouver le numéro et j'ai demandé le directeur. — 7. Il avait tellement chaud qu'il s'est arrêté dans un bistro et a commandé un demi. — 8. Pierre avait des réticences à lui demander ce service mais il a pris son courage à deux mains et s'est jeté à l'eau. — 9. Yves avait bien entendu sonner son réveil mais il s'est retourné de l'autre côté et s'est rendormi. — 10. Elle était allée chercher de l'argent au guichet d'une banque, pourtant elle se l'est fait refuser, étant donné que son compte était à découvert.

Exercice 4 – p. 119

Dans cet exercice, lorsque tous les temps sont à trouver, plusieurs solutions sont possibles. On ne se limitera donc pas à *une* série de temps. Les phrases de ce type sont marquées ici par un astérisque.

1. …il eut fini… il était… — 2. * …avaient fini… c'était… elles venaient… — 3. …vous l'aviez écouté… — 4. Si je savais/si j'avais su… — 5. …ne m'avait rien rappelé… — 6. * Nous avons invité… que nous avions rencontrés… — 7. * Elle tricotait… nous avons vu… — 8. Je vous présente… je vous ai souvent parlé… — 9. * je rêvais… il y avait eu… j'ai réalisé… je suis revenu(e). — 10. * Elle fut rentrée… elle mit… elle avait ramassées… elle se réjouit… — 11. * Ne savez-vous pas que j'ai été… je vous l'ai écrit… — 12. * …finirent… eut expliqué… ils devaient… — 13. …elle fredonnait… elle avait apprise… qui lui rappelaient… elle était heureuse.

Exercice 5

Même remarque.

1. * …il eut fini… il posa… et s'assoupit… — 2. Il y a belle lurette que j'ai compris… — 3. * l'eut-elle aperçu qu'elle s'avança… — 4. * J'étais venu… — 5. Si vous aviez travaillé… — 6. …vous aviez une mention/vous auriez eu… — 7. * Il avait neigé… n'était pas passé/ne passait pas… il ne pouvait pas… — 8. …eut fini… — 9. * …il eut découvert… il comprit… il avait été joué. — 10. * …elle a beaucoup vieilli. — 11. * …il nous a faussé compagnie… — 12. …est mort/mourut… — 13. * Je

suis venu… j'habitais… j'étais… — 14. * Il n'y est pas allé… il a eu compris… il avait affaire. — 15. * …elle fut montée… elle fut prise… et s'écria…

Exercice 6

— 1. …s'écoulèrent… j'avais rencontré… je me retrouvai… — 2. …je revins… qu'elle pleurait… était le sujet… Je lui offris… elle dit… n'y tenait… Je voulus… je la reconduisais… — 3. …je me promenais… était mise… je ne pouvais… me parurent… je la suivis… elle traversait… paissait… accourut… — 4. …était… j'avais beaucoup marché… je me dirigeai… j'aperçus/j'apercevais. — 5. …je me disposais… je vis… j'avais rencontré… Il commença… ce qu'il se présentait… il m'annonça… était malade… elle l'avait chargé… — 6. …j'eus fini… j'aperçus… qui donnait… je fus présenté… — 7. …elle avait… elle passait… pleurait… lui avait volé… — 8. …nous a donné…

Exercice 7 – p. 120

1. Quand il a bu son café, il lit son journal.
2. À peine le train se fut-il arrêté que tous les voyageurs se précipitèrent pour monter.
3. Aussitôt qu'elle a eu entendu sonner le téléphone, elle a couru pour répondre.
4. Dès qu'il a eu compris, il a pu faire son exercice.
5. Une fois que le bateau était arrivé à quai, il jetait l'ancre.
6. Une fois qu'on est arrivé sur le plateau, on découvre un panorama splendide.
7. Lorsqu'il sera revenu, il reprendra son appartement.
8. Aussitôt que le charpentier avait fini le toit, le maçon faisait les plâtres.
9. Après qu'elle aura mis la table, nous pourrons manger.
10. Dès qu'il serait parti, nous pourrions parler du sujet qui nous préoccupait tous.

Exercice 8 / Transformation du texte

Il arriva/arrivait à la rue Saint-Claude. À peine y avait-il fait quelques pas qu'il vit tous les passants se hâter. Une compagnie d'infanterie venait de paraître à l'extrémité de la rue près de l'église. Il continua d'avancer vers les soldats qui barraient le bout de la rue. Tout à coup les soldats abaissèrent leurs fusils et couchèrent en joue. Il n'eut que le temps de se jeter derrière une borne qui lui garantissait du moins les jambes. (...)
La rue Saint-Louis était déserte. C'était l'aspect de la rue à quatre heures du matin en été ; boutiques fermées, fenêtres fermées, personne, plein jour. Rue du Roi-Doré, les voisins causaient sur leurs portes. Deux chevaux dételés de quelque charrette dont on avait fait une barricade, passaient rue Saint Jean-Saint François, suivis du charretier tout désorienté. Un gros de garde nationale et de troupe de ligne semblait embusqué au bout de la rue Saint-Anastase. Il s'informa. Une demi-heure environ avant/auparavant, sept ou huit jeunes ouvriers étaient venus là, traînant des fusils qu'ils savaient à peine charger. C'étaient des adolescents de quatorze à quinze ans. Ils avaient préparé leurs armes en silence au milieu des voisins et des passants qui les regardaient faire, puis ils avaient envahi une maison où il n'y avait qu'une vieille femme et un petit enfant. Là ils avaient soutenu un siège de quelques instants. La fusillade qu'il avait essuyée était pour quelques-uns d'entre eux qui s'enfuyaient par la rue Saint-Claude.
Toutes les boutiques étaient fermées, excepté celle du marchand de vin où les insurgés avaient bu et où les gardes nationaux buvaient.

Exercice 9 – p. 121

1. Différentes étapes de ce conte :
   – Présentation des personnages (lignes 1 à 4).
   – Rupture (ligne 4 : en conséquence…).

– Récit (lignes 6 à 17).
– Épilogue et morale (lignes 18 à 22).

2. Exercice de créativité.

L'expression de l'avenir

Exercice 1 – p. 123

1. Elle balaiera/Elle balayera… — 2. Nous mourrons… — 3. Vous accourrez… vous entendrez… — 4. …à qui emploiera… — 5. Vous jetterez… — 6. …quand viendra… je couperai… vous apporterez… — 7. …vous courrez… vous aurez… — 8. …vous nous écrirez… vous viendrez. — 9. …il aura fini… il pourra… — 10. …je ne comprendrai… — 11. …nous achèterons… — 12. …seront arrivés… vous servirez… — 13. Me croirez-vous… — 14. …il aura reçu… il examinera… et appuiera… — 15. Nous verrons bien… s'il saura… il faudra… — 16. Tu riras… tu sauras… — 17. …vous aurez lu… vous comprendrez… — 18. …sera mise en service… — 19. …que sera…

Exercice 2 – p. 124

Exercice structural ne présentant aucune difficulté : nous croyions qu'il irait à la chasse.
Je me demandais à quelle heure il téléphonerait… etc.

Exercices 3, 4 et 5

Exercices de créativité pouvant être faits en groupes en classe ou en devoir à la maison.

Exercice 6 – p. 126

1. Je dois/vais me préparer. — 2. …ils viendraient… Ils auront eu… — 3. …tu auras fini… — 4. …il se ferait… — 5. …le plombier doit/va passer… — 6. nous seront communiqués… — 7. …il va pleuvoir. — 8. …ils ne trouveront… — 9. Tu seras bien aimable… — 10. … il me téléphonerait… il arriverait/il serait arrivé.

Exercice 7

Propositions d'explication :

1. Elle ne sera pas arrivée./ Ils ne l'auront pas reçue.

2. Ils auront cru que nous sommes/étions fâchés.

3. Il l'aura cassé.

4. Elle aura été débordée au dernier moment.

5. Il a dû oublier.

6. Il aura gagné au loto ou aura fait un héritage.

7. Son mari lui aura dit qu'il préfère les blondes.

8. Ils auront renoncé à aller en Chine à cause du prix du billet.

9. Il aura compris qu'avec un deuxième enfant, il valait mieux acheter une voiture.

10. Il n'aura pas assez travaillé.

Exercice 8

Le premier paragraphe dont les verbes sont au présent donne une description générale du restaurant. Les verbes du deuxième paragraphe sont au futur et plus personnalisés puisqu'ils envisagent votre future visite dans l'établissement.

Exercice 9 – p. 127

À part le vers « Le temps passe si vite » dont le verbe au présent indique une remarque très générale, tous les autres verbes sont au futur. Mouloudji prévoit ainsi sa rencontre avec une femme aimée ; le futur ajoute aussi une valeur de promesse à ce rendez-vous.

Exercice 10

Lecture et analyse de texte.

L'expression du temps

Exercice 1 – p. 132

Exercice d'expression orale ayant pour objectif d'obtenir une réponse exprimant la durée d'un état passé, d'une action en cours d'accomplissement, ou d'un événement futur, ou sur la datation d'un événement.

Exercice 2

Exercice de créativité.

Exercice 3

1. …tu choisis… — 2. …sache… — 3. …a sorti/sort ou eut sorti… — 4. …comprennent. — 5. …avant qu'il n'ait… — 6. …je vais… — 7. …je suis sûr… — 8. …réparait… — 9. …tu aies lu… — 10. …tu auras lu… — 11. …vous ne vous en doutiez pas… — 12. …soit accusé…

Exercice 4

1. …vous ne téléphoniez… — 2. …nous puissions… — 3. …je ne connaîtrai… — 4. …elle raccommodait… — 5. …revienne… apparaissent. — 6. …ils puissent… — 7. …finissait… — 8. …vous sachiez… — 9. …je comprends/j'ai compris… — 10. …je me souvienne… — 11. …nous avons quitté… — 12. …il se sera remis…

Exercice 5 – p. 133

1. …tout à coup/soudain… — 2. …pendant que/avant que… — 3. …toutes les semaines… — 4. A peine… — 5. Dès que/quand/une fois que… — 6. …déjà/juste/à peine… — 7. Avant… — 8. …jusqu'à… — 9. Depuis… — 10. Pendant/Durant/Au cours de/Lors de… — 11. Après… — 12. Tant que… — 13. Quand/et qu'il… — 14. En attendant que… — 15. Au fur et à mesure que…

Exercice 6

1. …toute la nuit. — 2. …il y a… — 3. …n'a pas/guère… plus de — 4. …deux jours/deux journées… — 5. …par retour du courrier/dans les plus brefs délais. — 6. …tous les matins. — 7. …en deux jours. — 8. …les dimanches et jours fériés. — 9. …jusqu'à… — 10. Dans… — 11. Depuis… — 12. Pendant/Durant… — 13. …de… plus tard/après. — 14. …du… au… en… en… — 15. …du… au…

Exercice 7

1. …pour/dans… — 2. Au cours de/Lors de… — 3. Jamais/pas un seul instant… — 4. …il y a… — 5. …en un tournemain. — 6. …qu'une dizaine/une vingtaine… — 7. …dans… — 8. Avant de… — 9. Depuis… — 10. …depuis… — 11. Maintenant que… — 12. Dès que/Aussitôt que… — 13. Tant que…/Aussi longtemps que…

Exercice 8 – p. 134

a)

1. Il y a… que. — 2. Depuis… — 3. Depuis… que… — 4. Il y a — 5. Il y a… que/cela fait — 6. Il y a/cela fait… que.

b)

1. Il est resté trois mois/*pendant trois mois* à l'hôpital.

2. Il reviendra à Marseille *dans* une quinzaine de jours.

3. Ils étaient partis *pendant/depuis* six mois faire le tour du monde.

4. Tu n'arriveras jamais à terminer ce travail *en* si peu de temps.

5. Il a avalé sa soupe *en* deux minutes.

6. *Il y a* des siècles, il fallait une semaine pour traverser la France ; maintenant on le fait *dans* la journée.

Exercice 9

1. …quand… — 2. Dès… — 3. Avant de/En attendant de… — 4. Après… — 5. Après que/Dès que… — 6. Avant… depuis que… — 7. …jusqu'à ce qu'… — 8. Après… — 9. Avant… à partir de/depuis… — 10. Avant de… — 11. …depuis/après… — 12. Après…

Exercice 10 – p. 135

Il est arrivé à 2 heures. — Pendant deux mois le village est resté bloqué par la neige. — Il part pour deux ans en Afrique au titre de la Coopération. — Je viendrai vers deux heures. — Il travaille depuis vingt minutes. — Tu peux faire l'aller et retour en deux heures. — Il y a deux heures, j'étais avec lui. — J'aurai fini dans deux heures. — Il y a deux heures qu'il pleut à verse. — Il a été emmené au commissariat, mais deux heures après il était libre. — Depuis midi, nous n'avons plus d'électricité. — Téléphonez-lui avant 14 heures.

Exercice 11

Il se plaint du matin au soir. — Pendant des mois nous sommes restés dans la grisaille. — Il est resté absent une quarantaine de minutes. — Il fait une cure une fois tous les deux ans. — Vous recevrez un accusé de réception sous huitaine. — Pour nos vacances, nous n'avons compté que les jours ouvrables. — Il y a très longtemps, on trouvait un octroi à l'entrée de la ville. — Tu devrais recevoir une réponse d'ici à trois jours. — Je vous saurais gré de me répondre par retour du courrier. — Mais oui, je l'ai vu, pas plus tard qu'hier d'ailleurs ! — Il a avalé son potage en un clin d'œil. — J'attends sous peu la visite de quelqu'un : vous voudrez bien nous laisser.

Exercice 12 / Terminez les phrases suivantes

1. Quand il se rendait à Paris, *il n'allait pas à l'hôtel mais logeait chez des amis.*

2. Comme elle finissait son repas, *on frappa violemment à la porte.*

3. Pendant que tu fermeras les volets, ton frère *mettra les bagages dans le coffre.*

4. Quand il arriva à Londres, *il pleuvait/ses parents étaient à l'aéroport.*

5. Brigitte allait à la pharmacie quand *elle fut témoin d'une agression/elle pouvait éviter d'aller voir un médecin.*

6. Il lui répondit dès qu'*il eut compris le sens de sa question.*

7. L'orage a éclaté avant que *nous ayons pu rentrer le linge qui séchait.*

8. Pendant leur déménagement, Anne a fait des cartons alors qu'Yves *portait les meubles.*

9. Luc nettoyait sa voiture en attendant que *sa femme ait donné à manger au bébé.*

10. Chaque fois qu'il écoutait ce disque, *il pensait à son père qui le lui avait offert.*

11. Avant de partir, Philippe *a fermé/ferma/ferme le compteur électrique*.

12. Depuis qu'il pleut, *ma tante ne sort plus*.

13. Aussi longtemps que tu feras des fautes, *tu ne réussiras pas à avoir la moyenne*.

14. Il est parti après qu'*il a eu fini de corriger ses copies*.

15. Elle fera son gâteau quand *les enfants seront à l'école*.

16. Je t'aiderai jusqu'à ce que *tu n'en aies plus besoin*.

17. Il ouvrit la télévision aussitôt qu'*il eut terminé le repas*.

18. Quand elle avait fini sa vaisselle, elle *lisait son magazine*.

19. Tant que tu ne feras pas d'effort, *tes relations avec ta famille resteront conflictuelles*.

20. Une fois qu'il eut appris son rôle, *il commença à répéter avec les autres*.

Exercice 13 / Texte

« Ce bonsoir que j'aimais tant »
Ce texte célèbre peut servir de corpus de réflexion sur l'expression du temps.

Exercice 14 – p. 136/L'évasion de Fabrice (extrait de *La Chartreuse de Parme* de Stendhal)

Vers le minuit un de ces brouillards épais et blancs que le Pô *jette* **quelquefois** sur ses rives *s'étendit* **d'abord** sur la ville et **ensuite** *gagna* l'esplanade et les bastions au milieu desquels *s'élève* la grosse tour de la citadelle. Fabrice *crut* voir que, du parapet de la plate-forme, on n'*apercevait* **plus** les petits aca-cias qui *environnaient* les jardins établis par les soldats au pied du mur de cent quatre-vingts pieds. « Voilà qui *est* excellent », *pensa*-t-il.
Un peu après que minuit *eut sonné*, le signal de la petite lampe *parut* à la fenêtre de la volière. Fabrice *était* prêt à agir ; il *fit* un signe de croix, **puis** *attacha* à son lit la petite corde destinée à lui faire des-cendre les trente-cinq pieds qui le *séparaient* de la plate-forme où *était* le palais. Il *arriva* sans encombre sur le toit du corps de garde occupé **depuis la veille** par les deux cents hommes de renfort. Par malheur les soldats ne *s'étaient pas encore endormis* ; **pendant qu**'il *marchait* à pas de loup sur le toit de grosses tuiles creuses, Fabrice les *entendait* qui *disaient* que le diable *était* sur le toit, et qu'il *fallait* essayer de le tuer d'un coup de fusil. Fabrice *se hâtait* le plus possible et *faisait* beaucoup plus de bruit. Le fait *est* qu'**au moment où**, pendu à sa corde, il *passa* devant les fenêtres, par bonheur à quatre ou cinq pieds de distance à cause de l'avance du toit, elles *étaient* hérissées de baïonnettes. *Arrivé* sur la plate-forme et entouré de sentinelles qui ordinairement criaient **tous les quarts d'heure** une phrase entière : « Tout est bien autour de mon poste », il *dirigea* ses pas vers le parapet du cou-chant et *chercha* la pierre neuve.

Analyse des temps des verbes/connecteurs temporels importants
Présent (événement toujours vrai aujourd'hui) : jette, s'élève.
Présent de l'histoire (passages au style direct) : voilà qui est, tout est bien.
Présent (du moment de l'énonciation) le fait est = commentaire de l'auteur.
Passé simple : séquences narratives : s'étendit (d'abord), gagna (ensuite), crut, pensa-t-il, parut, il fit, (puis) attacha, il arriva, il passa (au moment où), il dirigea, il chercha.
Imparfait : séquences descriptives ou explicatives : apercevait, environnaient, était prêt, séparaient, était, marchait (pendant que), entendait, disaient, se hâtait, faisait, étaient hérissées.
Imparfait (transformation d'un présent au style indirect) était (style indirect), fallait (style indirect).
Imparfait (d'habitude) criaient.
Passé antérieur (antériorité datée par rapport à un verbe au passé simple) : eut sonné (après que).
Plus que parfait (antériorité non datée par rapport à un verbe au passé simple ou à l'imparfait) ne s'étaient pas endormis.
Participe passé : arrivé = étant arrivé : antériorité par rapport aux verbes dirigea et chercha.

Le discours rapporté

Exercice 1 – p. 140

1. Il demande quelle heure il est. Il a demandé quelle heure il était. — 2. Il dit de fermer la porte/qu'on ferme la porte. Il a dit… (id). — 3. Il confirme qu'il rapportera les disques. Il a confirmé qu'il rapporterait… — 4. Il demande qu'on ouvre la fenêtre/d'ouvrir… Il a demandé… (id). — 5. Il ajoute que s'il a le temps, il ira à Versailles. Il a ajouté que s'il avait le temps, il irait à… — 6. Il répond que le train de Paris n'est pas encore arrivé. Il a répondu que le train de Paris n'était pas encore arrivé. — 7. Il lui demande s'il viendra seul. Il lui a demandé s'il viendrait seul. — 8. Il dit que deux droites orthogonales forment un angle… Il a dit que… (id.). — 9. Il leur demande de se taire. Il demande qu'on se taise. Il (leur) a demandé de se taire. — 10. Il demande ce qu'ils disent (ce qu'il dit). Il a demandé ce qu'ils disaient (ce qu'il disait). — 11. Il demande si nous voulons du thé ou du café. Il a demandé si nous voulions… — 12. Il demande qui peut répondre à cette question. Il a demandé qui pouvait (pourrait) répondre à cette question.

Exercice 2

1. Elle demanda à son collègue ce qu'il allait faire cet après-midi (là). — 2. Pendant qu'elle nous parlait, nous pensions combien elle avait l'air fatiguée et combien elle devait avoir besoin de repos. — 3. Mon amie m'a demandé si j'étais contente de ma machine à laver et si je l'avais payée cher. — 4. Je voudrais savoir ce que tu as pensé de l'émission de télévision de jeudi soir. — 5. Son frère lui a demandé s'il (si elle) l'accompagnerait au cinéma le lendemain. — 6. Il a annoncé à sa mère qu'il partait finir ses études à Paris. — 7. Dans son discours à ses employés, le directeur a confirmé qu'ils n'avaient aucune crainte à avoir, qu'ils auraient tous une augmentation de 3 % d'ici à deux mois. — 8. Après plusieurs heures d'interrogatoire, l'inculpé est passé aux aveux disant/a avoué/que c'était lui qui avait maquillé l'immatriculation de la voiture. — 9. L'employé de mairie m'a affirmé que je recevrais ma fiche d'état civil sous huitaine, qu'il n'avait plus qu'à la faire tamponner et signer par le maire. — 10. J'ai tenu à lui demander si elle serait allée à cette soirée sans la permission de sa mère.

Exercice 3

Il semble logique que les paroles de Jean-Pierre soient rapportées au passé.

1. *Jean-Pierre rapporte ses paroles à ses parents*: « Je lui ai dit que vous me proposiez d'aller trois jours à Hyères avec vous, que vous seriez très heureux qu'elle vienne avec nous, qu'on prendrait votre voiture qui est assez grande. J'ai ajouté que moi, ça me ferait très plaisir qu'elle nous accompagne. »
2. *Véronique rapporte les paroles de Jean-Pierre à ses parents*: « Il m'a dit que ses parents lui proposaient d'aller trois jours à Hyères avec eux, qu'ils seraient très heureux que j'aille avec eux, qu'on prendrait leur voiture qui est assez grande. Il a ajouté que ça lui ferait plaisir que je les accompagne. »
3. *La mère de Véronique en parle à son mari*: « Il lui a dit que ses parents lui proposaient d'aller trois jours à Hyères avec eux, qu'ils seraient très heureux que Véronique aille avec eux, qu'ils prendraient leur voiture qui est assez grande. Et il a ajouté que lui, ça lui ferait très plaisir que Véronique les accompagne. »
Remarque: Profiter de cet exercice pour introduire le style indirect libre qui rend le style moins lourd. Donner également les différentes valeurs du pronom « on » (sens global d'où le locuteur est ou non exclu. On = nous/ils; sens péjoratif: on = tu/vous).

Exercice 4

1. *De l'avis de* – La police pense que l'incendie serait d'origine criminelle. — 2. *Selon* – Les médecins considèrent qu'il y a incompatibilité entre ce traitement et le malade. — 3. *Pour* – M. Martin juge que cette histoire n'est guère plausible. — 4. *Au dire des* – Les voisins ont déclaré que le jeune homme se

livrait à des activités illicites. — 5. *D'après* – Les enquêteurs croient que l'attentat aurait été commis par un groupe de fanatiques. — 6. *Selon l'opinion* – Cet homme politique trouve qu'une telle attitude serait de la pure démagogie. — 7. *A entendre* – Ses proches collaborateurs estiment que c'est un personnage très pusillanime. — 8. *D'après* – Le maire a annoncé dans son discours que notre ville serait bientôt équipée de nouveaux logements sociaux. — 9. *A en croire* – Sa famille prétend que c'est un bourreau de travail. — 10. *D'après* – Les personnes présentes au moment de l'accident ont signalé que la collision aurait pu être évitée.

Exercice 5 – p. 141

Cette bande dessinée peut servir de support à un essai sur le discours rapporté (travail à faire faire en classe par petits groupes pour l'élaboration du dialogue, puis travail individuel écrit).

Exercice 6 – p. 142

Le fils rapporte les paroles de son père quelques heures après : « Il m'a dit que mon attitude le surprenait beaucoup. Je passe un concours dans trois semaines, hier, je suis sorti avec des camarades, et la semaine prochaine je pars en Angleterre. Il admet que je ne suis plus un enfant mais il a tenu à me rappeler ce qui est arrivé à mon frère il y a deux ans, et combien celui-ci avait regretté d'avoir perdu son temps. Il m'a enfin supplié de ne pas gâcher mon avenir. »

Six mois après, le père rapporte ses paroles à un collègue : « J'avais fait observer à mon fils que son attitude me surprenait beaucoup. Trois semaines plus tard, il passait un concours, et, la veille il était sorti avec des camarades ; la semaine suivante il partait en Angleterre. J'avais reconnu qu'il n'était plus un enfant mais j'avais voulu lui rappeler ce qui était arrivé à son frère deux ans avant, et combien ce dernier avait regretté d'avoir perdu son temps. Je l'avais enfin adjuré de ne pas gâcher son avenir. »

Exercice 7

1. « Asseyez-vous, je vous en prie. » — 2. « Je t'en prie, renonce à ce projet. » — 3. « Prenez une feuille de papier. » — 4. « Si ça continue, je te quitte. »/ « Fais attention, je vais te quitter. » — 5. « Le cours n'aura pas lieu la semaine prochaine. » — 6. « D'accord, reportons l'entrevue à huitaine. »/ « Entendu, l'entrevue est reportée à huitaine. »/ « Je veux bien que… soit… » — 7. « Et si on se retrouvait au café après la conférence ? »/ «On pourrait se retrouver au café après la conférence. » — 8. « D'ailleurs j'avais donné l'ordre de ne plus utiliser cette machine. » — 9. « Vous pouvez être tranquille. »/ «Je vous assure que le manuscrit sera tapé avant la fin de la semaine. » — 10. « J'exige que la presse publie un démenti à ces propos. »

Exercice 8

1. (Un employé). L'employé *a assuré* à son directeur qu'il n'avait jamais reçu d'argent de ce client. — 2. (Parent à enfant/ami à un autre ami). *Il l'a averti* qu'il risquait d'avoir une contravention. — 3. (Ami, connaissance). *Il a admis* qu'il s'était trompé. — 4. (Un client, un consommateur). *Il a exigé* d'être remboursé. — 5. (Des complices). Les témoins *ont reconnu* qu'ils avaient caché des armes chez eux. — 6. (Une personne accusée). Le suspect *a avoué* au juge qu'à cette époque il faisait partie de la bande mais il lui *jurait* que, maintenant, il n'avait plus rien à faire avec eux. — 7. (Un parent, un ami). *Il a confirmé* qu'ils arriveraient par le train de 19 h 15. — 8. (Une vendeuse). *Elle m'a garanti/certifié/assuré* que ces bottes étaient imperméables. — 9. (Un avocat). *Il a répété* que son client n'était pas à Paris à cette date. — 10. (Un parent à une adolescente). *Il lui a interdit* de conduire/*Il a refusé* qu'elle conduise la voiture car c'était trop risqué puisqu'elle n'avait pas encore son permis. — 11. (Un adolescent à un camarade). *Il s'est étonné* qu'on lui ait volé son autoradio toute neuve. — 12. (Un médecin à son patient). Constatant que ce traitement était inefficace/ne faisait pas d'effet, le médecin *a conseillé* à son patient d'aller consulter un spécialiste ou un acupuncteur.

Exercice 9

1. Très en colère, le directeur de l'agence a fait remarquer à sa secrétaire qu'il lui avait demandé la liste exhaustive de tous leurs clients et qu'il ne voyait pas la moitié des noms/que la moitié des noms manquait. Il l'a prévenue que si cela continuait, il ne pourrait pas la garder. — 2. Elle a dit à son mari qu'elle n'approuvait pas du tout son laxisme vis-à-vis de ses enfants, qu'un jour ils en paieraient les conséquences et qu'à ce moment-là, il serait le premier à le déplorer. — 3. Elle leur a répondu que c'était rédhibitoire, que les prix étaient absolument prohibitifs pour elle à ce moment-là et que cela grèverait trop son budget. Elle regrettait de ne pas pouvoir se le permettre. — 4. Ils se sont exclamés que cette construction affreuse déparait complètement le quartier et qu'ils le regrettaient d'autant plus qu'ils venaient de faire ravaler leur façade. — 5. Après avoir demandé au vendeur de l'excuser, elle l'a prié de lui reprendre ses chaussures, arguant du fait qu'elle était pressée et préoccupée par de graves soucis quand elle les avait achetées. — 6. Il s'est dit qu'il n'allait pas rester là longtemps, assuré de trouver ailleurs un travail plus intéressant et de meilleurs appointements. — 7. Il répond qu'on parte sans lui, qu'il ne peut pas être plus heureux que chez lui. Il déplore que nous ne le comprenions pas. — 8. Les enfants criaient que nous n'arriverions pas à temps. Ils se demandaient ce que nous allions faire si nous ne trouvions pas un abri. Ils pensaient que nous serions peut-être obligés de nous abriter dans une grange. — 9. Son collaborateur lui a fait remarquer qu'ils n'étaient pas des petits garçons et il l'a assuré qu'ils étaient capables d'assumer leurs responsabilités et leur travail sans qu'il s'impose de le leur répéter chaque matin. — 10. L'employé m'a averti que mon paquet excédant de beaucoup le poids autorisé par la Poste, j'avais le choix entre payer une surtaxe ou refaire mon paquet.

Exercice 10 – p. 143

Il a fait remarquer à Marie qu'elle ne connaissait pas sa Normandie marine et mouillée, ses ciels en mouvement. Quand elle l'avait vue, en janvier, c'était l'immobilité du froid, le grand ciel blanc qu'elle avait regardé en face, sans ciller, après être entrée dans le restaurant. C'était alors qu'il avait découvert qu'elle avait les yeux blonds. En bonne logique, puisqu'ils reflétaient du ciel, ils auraient dû bleuir ou foncer puisqu'elle était vêtue d'un chandail noir. Il a ajouté qu'ils étaient bien blonds et leur regard traqué, animal.

Exercice 11

Faire repérer les passages au style indirect particulièrement nombreux dans cet extrait de *L'Amant* et caractéristiques du style de Marguerite Duras.

Exercice 12 – p. 144

a) Identification des passages au style direct

« Vous êtes jeune, et il me semble que c'est une vie qui doit vous plaire. » — « Pourquoi m'épouser alors ? », a-t-elle dit. — J'ai répondu : « Non » — J'ai dit : « Naturellement. » — Je lui ai dit : « C'est sale. Il y a des pigeons et des cours noires. Les gens ont la peau blanche. » — « Tu ne veux pas savoir ce que j'ai à faire ? »

b) Identification des passages au style indirect

…qu'il allait me dire de moins téléphoner et de mieux travailler. — Il m'a déclaré qu'il allait me parler d'un projet encore très vague. — …il voulait savoir si j'étais disposé à y aller. — J'ai dit que oui mais que dans le fond cela m'était égal. — Il m'a demandé alors si je n'étais pas intéressé par un changement de vie. — J'ai répondu qu'on ne changeait jamais de vie, (…) ne me déplaisait pas du tout. — …m'a dit que je répondais toujours à côté, (…) cela était désastreux dans les affaires. — …et m'a demandé si je voulais me marier avec elle. — J'ai dit que cela m'était égal et que nous pourrions le faire si elle le voulait. — Elle a voulu alors savoir si je l'aimais. — J'ai répondu comme je l'avais déjà fait une fois, (…) je ne l'aimais pas. — Je lui ai expliqué que cela n'avait aucune importance (…)

nous pouvions nous marier. — Elle a observé alors que le mariage était une chose grave. — Elle s'est demandé alors si elle m'aimait et… — …elle a murmuré que j'étais bizarre (…) pour les mêmes raisons. — …et elle a déclaré (…) avec moi. — J'ai répondu (…) et elle m'a demandé comment c'était. — …et j'ai demandé à Marie si elle le remarquait. — Elle m'a dit que oui et qu'elle le comprenait. — …et je lui ai dit que nous pouvions dîner ensemble chez Céleste.

c) Identification des passages au style indirect libre

Il voulait seulement avoir mon avis sur la question. Il avait l'intention (…) avec les grandes compagnies… — Cela me permettrait de vivre (…) une partie de l'année. — Elle voulait simplement savoir si j'aurais accepté (…) je serais attaché de la même façon. — Elle en avait bien envie, mais elle avait à faire.

d) Identification des passages ambigus

D'ailleurs c'était elle qui le demandait et moi je me contentais de dire oui. — …et moi je ne pouvais rien savoir sur ce point. — Je voulais bien le savoir (…) qu'elle avait l'air de me reprocher.
Ces passages sont ambigus dans la mesure où il est difficile de savoir s'ils représentent la pensée du narrateur ou si ce sont de vraies paroles adressées à Marie.

L'expression de la pensée

Exercice 1 – p. 147

1. ait. — 2. ait. — 3. dois/devras. — 4. vienne. serait. — 5. soit très affecté/ait été très affecté. — 6. cautionnent. — 7. puisse. — 8. aient. — 9. se soient passées. — 10. sont. — 11. n'apprend rien. a. — 12. puissiez. — 13. c'est. — 14. veuille. — 15. ait.

Exercice 2

1. … que… puisse… — 2. … que… soit… — 3. … qu'il puisse… — 4. … qu'… ils puissent… — 5. … qu'elle vienne… — 6. … que… prescrive… — 7. … de mettre (ou : qu'il mette) sur pied… — 8. … que j'aille… — 9. … que… ait… est… — 10. … de dévoiler (ou : qu'on dévoile).

Exercice 3

1. Le locataire n'assure pas que l'appartement ait été laissé en parfait état. — 2. Je ne pense pas qu'elle se mette en colère. — 3. L'antiquaire ne se rend pas compte qu'il a fait une mauvaise affaire. — 4. Je n'admets pas qu'elle prenne des risques. (voir le sens du verbe). — 5. Cela ne prouve pas que l'inculpé soit innocent. — 6. Elle ne se doutait pas qu'elle avait fait une gaffe. — 7. Je ne crois pas qu'il soit de bonne foi. — 8. Il est peu probable/improbable que vous puissiez attraper votre correspondance à Lyon. — 9. Il n'a pas affirmé/il a nié que le secret ait été divulgué. — 10. Je ne crois pas que ce soit son attitude désinvolte qui rebute ses amis.

Exercice 4

1. Croit-il qu'elle soit à l'origine de cette calomnie ? — 2. Affirmez-vous qu'elle en prenne à son aise ? — 3. Est-elle d'avis qu'il faille tenir parole ? — 4. Le comptable est-il sûr que son bilan soit correct ? — 5. Prétend-il que nous soyons les seuls à pouvoir l'aider ? — 6. Soutiens-tu qu'il ait raison ? — 7. Juge-t-il qu'elle puisse pratiquer ce sport ? — 8. Me garantissez-vous que ces bottes soient de bonne qualité ? — 9. Es-tu certain qu'ils aient compris tout ce que j'ai expliqué ? — 10. Êtes-vous sûres qu'ils aient acheté le journal ? — 11. N'est-il pas hors de doute qu'ils fassent bande à part ?

Exercice 5 – p. 148

1. Sa mère assure qu'il a travaillé toute la soirée. — 2. Le directeur de l'agence pense que la secrétaire est une personne discrète et efficace. — 3. Je suis sûr que ce n'est pas lui qui a pris cette décision. Il n'y est absolument pour rien dans cette décision. — 4. Avec ces embouteillages je doute qu'ils puissent arriver à temps pour la cérémonie. — 5. J'imagine que la situation politique actuelle est difficile à gérer — 6. Je suppose, que tu seras en retard comme d'habitude. — 7. Je pense qu'étant donné le nombre important de demandeurs d'emploi, il est difficile de trouver un emploi. — 8. Je m'attends à ce que tu dises que c'est de ma faute. — 9. On se doute que le président de la République veut procéder à un remaniement ministériel. — 10. On est sûr qu'elle remettra ses clés au gardien de l'immeuble avant de partir.

Exercice 6

1. Que ce soit un bon médecin, elle en est persuadée. — 2. Qu'il soit trop tard pour revenir en arrière, je le pense. — 3. Que Sophie soit plus intuitive que sa sœur, il en/c'est certain. — 4. Que vous ayez pris la meilleure décision, nous en sommes convaincus. — 5. Que tu ne puisses pas remonter cette entreprise tout seul, je le soutiens. — 6. Que tu ne connaisses pas mon signe du zodiaque, je le parie. — 7. Que ce soit une mauvaise affaire financière dans ces conditions, le promoteur le prétend. — 8. Que dans dix ans vous ayez oublié une grande partie de vos connaissances en français, c'est bien probable. — 9. Que son camarade ait une grande influence sur lui pour l'instant, c'est incontestable. — 10. Que ce jeune député ait devant lui un avenir brillant et plein de promesses, j'en suis sûr.

Exercice 7

Le problème évoqué est celui de la remise en liberté trop précoce en raison de leur bonne conduite en prison, des condamnés ayant eu une lourde peine.

Exercice 8 – p. 149

Paris, le 15 mars 1985

Bien chers amis,

Nous avons reçu votre lettre et nous vous en remercions vivement.

Nous avons été très touchés par votre aimable invitation, mais *il nous est très difficile* actuellement de vous donner une réponse définitive.

Bien sûr, nous serions ravis de passer quelques jours de vacances avec vous, mais *je doute* que nous puissions réaliser ce projet cette année.

En effet, *il est possible* que Pierre soit obligé de partir quelques jours en Allemagne pour ses affaires début juillet, et *il est fort probable* qu'il ne pourra pas être rentré avant le 15. *Il est encore dans l'incertitude la plus totale* quant à sa date de retour, si bien que *je ne pense pas qu'il soit raisonnable* pour nous de prendre un engagement qui ris*que*rait de compromettre les vacances de tout le monde. Sans ce contretemps *possible*, un rendez-vous comme celui que vous nous proposez, nous *aurait* plu énormément, vous vous en doutez.

Si, par hasard, *Pierre revenait* plus tôt que prévu, *j'essaierais* de vous joindre, mais *rien n'étant moins sûr*, considérez cette possibilité comme très *hypothétique*.

Cependant, je tiens à ce que vous sachiez combien nous souhaitons que ce projet *puisse* se réaliser un jour. Il est *vraisemblable* que l'année prochaine nos vacances tomberont à la même période, et *il est vraiment peu probable* que nous rencontrions à nouveau un tel concours de circonstances fâcheuses. *Il ne semble pas* que cela *puisse* se renouveler deux années de suite !

Nous vous embrassons affectueusement.

Béatrice

Exercice 9

Exercice à faire faire en groupe dans la classe et qui devrait amener des réponses comme celles-ci :
Il me semble que la priorité serait la lutte contre le chômage.
– *Pour moi,* le plus important est avant tout la lutte contre la violence et la criminalité.
– Maintenir la paix sociale est *pour moi* la politique primordiale.
Moi, je ne suis sûr de rien. Tout me paraît essentiel. S'il fallait donner une priorité, je serais très embarrassé. etc.

Je pense que, vu la manière dont les choses évoluent en France…
Je ne suis pas si sûr que…
Je ne sais pas dire si… mais… etc.

Exercice 10 – p. 150

Exercice de créativité.
Ex : – Ah ! Tu es de retour ? – Effectivement !

Exercice 11

Mon père réservait

(…) Mon père *réservait le monopole du talent* aux idoles de sa jeunesse ; *selon lui,* le succès des auteurs étrangers et des auteurs modernes *ne s'expliquait que* par le snobisme. Il *plaçait* Alphonse Daudet *à mille coudées au-dessus* de Dickens ; quand on lui *parlait* du roman russe, *il haussait les épaules.* Un élève du Conservatoire, qui répétait avec lui une pièce de M. Jeannot intitulée Le Retour à la terre, *déclara* un soir *avec impétuosité :* « *Il faut s'incliner très bas* devant Ibsen ! » Mon père *eut un grand rire :* « Eh bien, moi, dit-il, *je ne m'incline pas !* » Anglaises, slaves, nordiques, toutes les œuvres d'ou-tre-frontière lui *semblaient assomantes, fumeuses et puériles.* Quant aux écrivains et aux peintres d'avant-garde, *ils spéculaient cyniquement* sur la bêtise humaine. Mon père *appréciait* le naturel de certains jeunes acteurs : Gaby Morlay, Fresnay, Blanchar — Charles Boyer. Mais *il jugeait oiseuses* les recherches de Copeau, de Dullin, de Jouvet, et il *détestait* les Pitoëff, ces métèques. Il *tenait pour de mauvais* Français les gens qui ne partageaient pas ses opinions. Aussi Jacques esquivait-il les discus-sions ; volubile, enjôleur, il *badinait* avec mon père, il faisait à ma mère une cour rieuse et prenait bien garde de ne parler de rien. Je le regrettais car lorsque, par hasard, *il se découvrait,* il disait des choses qui m'intriguaient, qui m'intéressaient ; *je ne le trouvais plus du tout prétentieux :* sur le monde, les hommes, la peinture, la littérature, il en savait bien plus long que moi : j'aurais voulu qu'il me fît pro-fiter de son expérience (…)

Simone de Beauvoir
Mémoires d'une jeune fille rangée
© Éditions Gallimard

Exercice 12 – p. 151

Bien chère Marie,

Je t'écris à toi puisque tu es ma grande sœur. En ce moment j'ai beaucoup de choses lourdes sur le cœur et *je crois qu'il est important* que je t'en parle. Hervé, mon fils qui a maintenant presque seize ans me *met au désespoir.* Il ne fait strictement rien. Il promet toujours pour le lendemain et le len-demain pour le jour suivant. *Je ne crois pas du tout* qu'il soit malade ou fatigué. Je <u>suppose</u> qu'il est énervé <u>ou plutôt</u> qu'il est préoccupé par une angoisse que j'ignore et qu'il tait soigneusement. *Il est* <u>fort</u> <u>probable</u> qu'il fréquente en ce moment de mauvais copains qui le poussent à ne rien faire mais *il est évident qu'*il n'en parle jamais. <u>*Il me semble bien difficile*</u> d'avoir en ce moment une vraie discus-sion avec lui. *Je me rends compte* qu'il me fuit. Il ne rentre à la maison que pour manger et dormir. <u>*J'ai l'impression qu'*</u>il *considère* la famille comme un hôtel… et encore. <u>*Il est vrai que*</u> de temps en temps <u>*je me permets*</u> de lui faire quelques reproches, mais il me répond d'une manière tellement agressive que la plupart du temps j'essaie de *fermer les yeux* sur tout pour éviter les affrontements.

Je suis évidemment allée voir ses professeurs. *Les avis sont partagés.* Deux d'entre eux *pensent que* c'est une crise passagère et que quelques mois suffiront à tout remettre en place ; les autres *estiment qu'*il est sérieusement en train de compromettre son avenir. Ils regardent ses notes, ils constatent son comportement en classe et *ils ne s'attendent pas* du tout à un changement radical d'ici la fin de l'année scolaire.

Je crois que personne ne peut faire grand-chose pour lui, ni toi, ni moi, ni ses enseignants. Tout le monde *m'assure* qu'il faut savoir attendre et prendre patience. J'ai quand même toujours remarqué qu'il avait un bon fond ce qui me permet de *présumer* que lorsqu'il ne fréquentera plus cette bande de mauvais copains, les choses iront sans doute beaucoup mieux.

Je suis sûre que tu partages bien mes angoisses car toi-même tu as vécu quelque chose de semblable avec tes enfants il y a quelques années. Il n'est pas impossible que j'aille te voir le mois prochain. Il est évident que je serai tellement heureuse de te revoir et de parler de tous ces problèmes avec toi qui, *j'en suis sûre*, te touchent autant que moi. Je compte beaucoup sur tes conseils. Je t'embrasse avec toute mon affection.

Hélène

1. Les verbes en italiques expriment une opinion.
2. Les termes soulignés (parfois des verbes d'opinion) apportent une nuance ou atténuent la sévérité du jugement porté.

L'expression de la volonté

Exercice 1 – p. 154

1. Un patron à son employé *ou* un banquier à son client qu'il est venu chercher dans la salle d'attente. D'autres situations sont envisageables. — 2. Courrier administratif. — 3. Une femme à son mari. Une mère à son enfant. une amie à une amie etc. — 4. Courrier administratif. — 5. Une maman à son jeune enfant. — 6. Une recette de cuisine. — 7. Un panneau indicateur. — 8. Un médecin généraliste à son patient qui tousse d'une manière inquiétante. — 9. Un conseil d'ami. — 10. Un panneau électoral.

Exercice 2

1. Le code de la route exige/prévoit… — 2. La réglementation du collège prévoit/précise… — 3. Les manifestants réclament/revendiquent… — 4. …il faut que/il est important que/il est indispensable que vous sachiez… — 5. L'architecte voudrait bien que… — 6. …je vous prierai… — 7. …et a demandé/a exigé… — 8. L'ouvreuse de cinéma demande/exige/veut que les enfants ne jettent pas leurs papiers de bonbons par terre. — 9. Le médecin prescrit une échographie. — 10. L'ordonnance ne précise pas/ne dit pas si je dois prendre mon médicament à jeun ou non.

Exercice 3

Exercice de créativité à faire faire en petits groupes.

Exercice 4

Exercice de créativité pour amener à l'expression orale.
Ex : – Tu veux aller en vacances en Grèce ? – Rien ne t'empêche de partir !

Exercice 5 – p. 155

Élaboration d'un dialogue entre le psychanalyste et son patient. À faire en groupe.
Ceci peut être suivi d'un travail écrit.

Exercice 6 – p. 156

Suggestions :

1. Je veux *que tu viennes* tout de suite. — 2. Le contremaître ordonne que le travail *soit fini* dans la journée. — 3. Le médecin prescrit que le malade *boive* 2 litres d'eau par jour. — 4. Le photographe désire que l'enfant *sourie*. — 5. Le proviseur exige que les élèves *aient* un mot d'excuse de leurs parents pour justifier leurs absences. — 6. Le bibliothécaire *recommande* que chaque lecteur *ait* une fiche avec son nom et son adresse. — 7. Les parents souhaitent que leurs enfants *fassent* de bonnes études. — 8. Le juge entend que les personnes qui viennent assister au procès *soient silencieuses*. — 9. Le surveillant permet que les élèves *aient* une activité sportive. — 10. Le chef d'orchestre demande que tous les instruments *soient accordés* juste avant le concert. — 11. La concierge voudrait que les occupants de l'immeuble *soient* plus aimables avec elle. — 12. Le locataire aurait voulu que le propriétaire lui *fasse* un bail écrit.

Exercice 7

Écrire

Il a écrit à ses parents qu'il allait bien. — Il a écrit à ses parents qu'ils fassent suivre son courrier. — Il a écrit à ses parents que son amie aurait une maladie grave.

Crier

Il a crié qu'il s'était pincé le doigt. — Il a crié qu'on se mette au garde-à-vous. — Il a crié qu'il y aurait un accident.

Téléphoner

Il a téléphoné qu'il était en retard. — Il a téléphoné qu'on se mette à table sans l'attendre. — Il a téléphoné qu'il y aurait de nombreuses victimes.

Faire savoir

Il a fait savoir qu'il avait beaucoup d'argent. — Il a fait savoir qu'on lui vende toutes ses actions. — Il a fait savoir qu'il serait ruiné.

L'expression des sentiments

Exercice 1 – p. 160

1. Je suis heureux que vous alliez mieux. — 2. Nous sommes si contents que vous ayez pu faire ce voyage ensemble. — 3. Elle se réjouissait que son frère ait été reçu à l'examen. — 4. Êtes-vous contents que nous soyons réunis ? 5. Elle était ravie que le dîner qu'elle avait préparé pour ses invités soit/fût/ait été bien réussi. — 6. Je me félicite que vous fassiez des progrès. — 7. Je suis désolé d'avoir oublié de donner suite à votre demande. — 8. Il est furieux qu'on lui ait retiré son permis de conduire. — 9. Nous sommes très surpris que votre demande n'ait pas été prise en considération… — 10. Elle n'en revenait pas d'avoir gagné à la loterie…

Exercice 2

1. Je suis consterné qu'il ait oublié de souhaiter l'anniversaire de Léa. — 2. Je suis ravi (enchanté) d'apprendre la naissance de votre fille. — 3. Il est triste de constater le comportement méchant de qqn. — 4. Cela me bouleverse de savoir que l'on dit du mal de moi dans mon dos. — 5. Cela m'a

stupéfié (bouleversé, consterné) d'apprendre l'accident de mon ami. — 6. J'ai été indigné quand j'ai appris qu'il avait perdu son emploi. — 7. J'appréhende d'avoir à subir une opération la semaine prochaine. — 8. On aime réunir des amis autour d'une bonne table. — 9. Je suis consterné (contrarié, désolé, furieux) d'apprendre que j'ai dépassé les délais d'inscription pour mon examen. — 10. Je suis ravi que vous ayez fait un bon voyage. — 11. Il est désolé d'être obligé d'annuler ses projets. — 12. Je suis triste de ne pas avoir reçu de nouvelles de mon ami.

Exercice 3 – p. 161

Exercice de créativité à faire faire en groupes.

Exercice 4

1. Il est désolant qu'il ait commis des malversations. — 2. C'est quelquefois bien gênant de ne pas percevoir les situations. — 3. C'est impensable qu'il puisse être obligé d'agir à son corps défendant. — 4. Il est normal que je sois charmé par sa vivacité et sa pétulance. — 5. C'est inconcevable d'agir avec une telle cruauté. — 6. C'est terrible d'avoir à supporter des affrontements aussi pénibles. — 7. Il est quand même désolant que tu ne saches jamais ce qu'il faut dire. — 8. C'est stupide d'avoir attendu si longtemps avant de consulter un médecin. — 9. C'est triste que nous ne puissions jamais nous retrouver. — 10. C'est absolument anormal que tu ne saches pas où est ton fils à cette heure-ci.

Exercice 5

1. Il est ravi *que* son fils *ait réussi* le concours… — 2. J'ai été peiné *d'apprendre* la nouvelle de la mort… — 3. Il regrette que la décision *ait été prise* sans qu'on l'ait consulté… — 4. Jacques a été déconcerté *d'apprendre* son éviction… — 5. Il a été surpris *de recevoir* un tel camouflet… — 6. Il a été étonné *que* ses amis *aient pu* avoir des soupçons… — 7. Je suis très content *que* vous *ayez pu* joindre vos condisciples. — 8. Il est regrettable *que* tu ne *donnes* pas la primauté à tes études… — 9. Il est vraiment désespérant *que* sa pusillanimité *soit* un obstacle à son insertion dans la société. — 10. Il est affligeant *de constater* qu'à son âge, il *puisse* encore être annihilé… — 11. Il est tout à fait agaçant *que* tu ne *saches* pas te taire quand tu sens que le moment *est* inopportun. — 12. Il est révoltant *de* te *voir* gaspiller ton temps et ton argent. — 13. Il est navrant *que* tu ne *puisses* pas préparer une béchamel sans *faire* des grumeaux. — 14. Je suis navré *que* tes amis *n'aient pas pu* venir avec nous faire cette randonnée. — 15. Je ne me console pas *qu'il* ne *m'ait* pas *fait* signe lors de son passage à Paris.

Exercice 6 – p. 162

Exercice de créativité à faire faire par petits groupes (ou en devoir à la maison).

Exercice 7

Bof! : onomatopée marquant le mépris, le peu d'importance à attacher à une chose.

Plouf! : onomatopée qui évoque le bruit d'une chute dans l'eau.

Hein? : interjection familière pour exprimer que l'on a mal entendu quelque chose, que l'on demande de répéter.

Pouah! : interjection qui exprime le dégoût, le mépris.

Toc! Toc! : onomatopée évoquant le coup que l'on donne sur une porte pour demander la permission d'entrer.

Chut! : onomatopée employée fréquemment pour demander de faire silence.

Pif! Paf! : onomatopée exprimant un bruit sec, ou signifiant le bruit de deux gifles.

Pst! : interjection servant à appeler.

Mince! : exclamation d'étonnement, de surprise.

Zut! : exclamation (familière) exprimant le dépit, la colère.

Flûte! : interjection marquant l'impatience, la déception.

Chic! : interjection marquant la joie, le plaisir, la satisfaction.

Chouette! : id. mais plus familier

Hélas! : interjection de plainte exprimant la douleur ou le regret.

Ouais! : interjection familière exprimant la surprise. Se dit quelquefois à la place de « oui » pour marquer de l'ironie ou du scepticisme.

Vlan! : onomatopée imitant un bruit fort et sec, une porte qui claque.

La vache! : exclamation familière indiquant qu'une personne a été injuste ou méchante. Marque aussi l'étonnement.

Hourra! : cri d'enthousiasme, d'acclamation.

Pan! : onomatopée qui exprime un bruit sec, un coup, un éclatement.

Coucou! : cri des enfants qui jouent à cache-cache.

Ouf! : exprime le soulagement.

Exercice 8 – p. 163

Texte extrait de *Vipère au poing* d'Hervé Bazin, © Éditions Bernard Grasset

Exercice 9

L'invitation au voyage, Baudelaire

1. Sentiments à l'égard d'une femme
   - Rapports très affectueux, très proches « mon enfant, ma sœur ».
   - Admiration devant sa beauté : « le pays qui te ressemble », « le charme de tes yeux ».
   - Attendrissement devant ses larmes : « brillant à travers leurs larmes ».
   - Souffrance devant sa trahison : « tes traîtres yeux ».
   - Désir de partager avec elle la beauté du monde, des « soleils mouillés » jusqu'à « la chaude lumière du soir ».

2. Sentiments à l'égard de la vie
   - Douceur d'envisager la vie ensemble.
   - Désir de s'isoler au bout du monde.
   - Vivre dans ordre, beauté, calme et volupté.
   - Vivre dans un beau décor : « meubles luisants, polis par les ans ».
   - Vivre dans les parfums de fleurs rares.
   - Vivre dans une maison somptueusement décorée à l'orientale.

3. Sentiments à l'égard de l'avenir
   - Désir d'évasion totale.
   - Aimer à loisir.
   - Tout partager.
   - Recommencer une nouvelle vie.

L'expression de la comparaison

Exercice 1 – p. 167

1. meilleure, aussi bonne, moins bonne. — 2. plus que je ne le pensais, autant que je le pensais, moins que je ne le pensais. — 3. plus, autant, moins. — 4. mieux, aussi bien, moins bien. — 5. plus belle, aussi belle, moins belle. — 6. pires (plus mauvaises), aussi mauvaises, moins mauvaises. — 7. plus chaud, aussi chaud, moins chaud. — 8. plus, autant, moins. — 9. plus de peine, autant de peine, moins de peine. — 10. plus charmante, aussi charmante, moins charmante. — 11. plus bête, aussi bête, moins bête.

Remarque : on emploie le « ne » explétif avec les comparatifs d'infériorité et de supériorité.

Exercice 2

1. Il fait moins beau à Ajaccio qu'à Lisbonne. — 2. Il fait moins chaud à Strasbourg qu'à Marseille. — 3. La température est plus élevée à Brest qu'à Lille. — 4. C'est Bordeaux qui aura la température la plus élevée aujourd'hui. — 5. Il fait meilleur en Espagne qu'en France. — 6. Il fera plus beau demain à Bordeaux qu'en Sicile. — 7. Il y aura du brouillard demain à New York, alors qu'il n'y en aura pas à Paris. — 8. C'est Dakar qui bat les records de chaleur. — 9. C'est à Dakar qu'il fait le plus chaud. — 10. Il y a moins de soleil à Lyon qu'à Athènes.

Exercice 3 – p. 168

1. Il criait comme si on lui avait fait très mal. — 2. Il se passionne pour le sport autant que… — 3. Le maire d'une grande ville n'est pas aussi accessible… — 4. Comme je l'ai toujours souhaité… — 5. Plus on lit, plus on a envie de lire. — 6. De même que tu t'angoisses pour un rien… — 7. Un cadre ancien conviendra aussi bien… (mieux, bien mieux, moins bien). — 8. Il est d'autant moins riche… — 9. Moins il a de travail, moins il en fait. — 10. … va mieux… — 11. Ainsi que je te l'avais prédit…

Exercice 4

1. Plus on approfondit une étude, plus on découvre ses lacunes. — 2. Ce dépliant touristique ne montre pas le pays tel qu'il est. — 3. Il a d'autant moins envie de faire du ski qu'il est frileux et maladroit. — 4. On a plus de plaisir à donner qu'à recevoir. On a autant de plaisir… — 5. Faites votre travail comme il faut. — 6. Plus on est de fous, plus on rit. — 7. Il est aussi vaniteux que son cousin germain. — 8. Je n'ai jamais autant ri de ma vie que ce soir-là. — 9. Cette soupière ancienne est aussi belle que fragile. — 10. Plus le malade restait couché, plus il perdait ses forces. — 11. Il était découragé car, plus il creusait ses recherches, moins la solution était évidente. — 12. Il aurait fallu plus de soleil/davantage de soleil pour que les raisins puissent mûrir à temps. — 13. La petite fille est arrivée en pleurant comme si elle avait perdu père et mère. — 14. Elle a d'autant plus besoin de soleil et de ciel bleu qu'elle a été habituée au climat méditerranéen toute son enfance. — 15. Tu te comportes comme si tu étais sorti de la cuisse de Jupiter. — 16. Je vous rapporte ces propos tels que je les ai entendus. — 17. Le remède est pire que le mal.

Exercice 5

1. Elle a le même caractère/les mêmes réactions que lui. — 2. Nous avons eu le même accident que vous. — 3. Il a eu la même attitude. — 4. J'ai acheté la même pointure. — 5. Ils ont pris le même moyen de transport. — 6. Il s'est présenté à la même école. — 7. Il a eu la même chance. Il a eu le même avantage. — 8. Je pense la même chose. Je suis du même avis. — 9. C'est le même climat. — 10. Elle a la même gentillesse.

Exercice 6 – p. 169

1. échantillon. — 2. moules. — 3. prototype. — 4. patron. — 5. modèles. — 6. original. — 7. brouillon. — 8. exemple. — 9. spécimens. — 10. maquette. — 11. modèle.

Exercice 7

Exercice de créativité.

Exercice 8. – p. 170

1. Il est blanc comme un linge ; il doit être malade (ou il a eu une grosse émotion). — 2. On l'accuse de mille choses ; en réalité il n'est pas inquiet car il se sait blanc comme neige. — 3. Il a mauvaise mine ; il est jaune comme un coing. — 4. Il est jaune comme un citron ; il a besoin de vacances. — 5. Quand elle a entendu l'appel de son nom, elle est devenue rouge comme une pivoine. — 6. On lui a dit qu'on s'était aperçu qu'il avait volé ; il est devenu rouge comme un coquelicot. — 7. Nous sommes restés deux heures dans la voiture sous un soleil brûlant ; nous étions rouges comme des écrevisses ; nous étouffions de chaleur. — 8. Quand il a su qu'il n'avait pas été élu, il est devenu rouge comme un coq puis il a crié son indignation tout au long d'un discours coléreux. — 9. Je n'ai rien trouvé dans la cave car il n'y avait pas d'électricité et il faisait noir comme dans un four.

Exercice 9

1. le maximum, le sommet. — 2. l'apogée. — 3. champion. — 4. le summum. — 5. son bâton de maréchal. — 6. la palme d'or. — 7. la lanterne rouge. — 8. maximum. — 9. le sommet. — 10. à l'apogée, au sommet, au summum, au faîte, au comble. — 11) au comble.

Exercice 10 – p. 171

Moyens linguistiques utilisés pour exprimer le superlatif
  – le plus… la plus… le moins… la moins + adjectif ou de + nom ;
  – un nom : le cœur, le toit de, record ;
  – un adverbe : extrêmement, très ;
  – un adjectif : excellent, seconde…

Reformulation
Ex. : l'Île de France : la première région pour sa population, le record du bruit, le maximum du prix au m^2.

Exercice 11 – p. 172

Analyse du portrait de La Bruyère.

Exercice 12 – p. 173

Exercice de créativité.

Exercice 13 – p. 174

1. Thèmes de comparaison
  ■ Vous avez trente-cinq ans
  ■ Vous êtes *dans la même* entreprise depuis *plus longtemps que vous ne le voudriez.*
  ■ Vous souhaitez *un meilleur* salaire.
  ■ Vous voulez *augmenter* vos compétences.
  ■ Vous exigez *davantage* de *responsabilités.*
  ■ *Vous voulez consacrer moins de temps* à des tâches administratives ;
  ■ Vous êtes *d'autant plus motivé* que vous souhaitez voyager.

■ Vous voulez *améliorer* votre pratique des langues étrangères.
■ Vous avez envie de découvrir un secteur *plus performant*.

Alors n'hésitez pas. Nous sommes *une des plus grandes agences* de recrutement en France. Nous avons certainement ce que vous cherchez. Contactez-nous sans tarder au 01.42.48.54.54 ou envoyez-nous une lettre de motivation accompagnée d'un CV. Un spécialiste vous recevra.

2. Exercice de créativité.

L'expression de la cause

Exercice 1. – p. 177

1. Comme tu n'es pas raisonnable… — 2. Étant donné que/puisque le bébé… — 3. Parce qu'il pleut sans cesse. — 4. J'aime bien ce pays puisque j'y suis né. — 5. Étant donné que l'atmosphère était houleuse… — 6. J'arrive en retard; ce n'est pas que j'aie oublié… — 7. Puisque vous refusez de m'aider… — 8. Ils ne sont pas venus, soit qu'ils n'aient pas reçu notre lettre, soit qu'ils aient eu un contretemps. — 9. Il n'a pas rendu sa dissertation sous prétexte que… — 10. Comme/Puisqu'il neige sans cesse et que…

Exercice 2

1. Le malade traversa sa chambre en titubant parce qu'il était très affaibli par le traitement. — 2. Je vous connais bien puisque je suis votre cousin. — 3. Les propriétaires étant absents depuis plusieurs jours, le vol fut aisé. — 4. Vous ne ferez pas cela parce que vous en auriez honte. — 5. Rien ne lui plaît car il est difficile. — 6. Comme il avait été convoqué par les experts, il s'est rendu sur les lieux. — 7. Étant donné qu'elle aime/aimant les animaux, elle a adopté un chat. — 8. Grâce à l'entraînement intensif qu'il avait suivi, le coureur a gagné le maillot jaune. — 9. Je n'ai pas réussi mon gâteau non que j'aie oublié un ingrédient, mais mon four ne marchait pas. — 10. Vu que/attendu que nous ne possédons pas tous les éléments nécessaires et qu'une preuve importante manque, le jugement est reporté à huitaine.

Exercice 3 – p. 178

1. Parce qu'il est maladroit… — 2. À cause de son extinction de voix… — 3. Parce que son infirmière a été gentille… — 4. Comme le temps est humide… — 5. Parce qu'il a manqué/n'a pas reçu… — 6. Vu la fin de la mode… — 7. Grâce à une longue cuisson avec des herbes aromatiques… — 8. Sous le prétexte du retard de sa montre… — 9. Parce qu'il est très patient… — 10. En raison de son ignorance totale de la langue chinoise… — 11. En vue du passage/de la visite de l'inspecteur… — 12. Parce que le directeur a changé… — 13. Compte tenu de la minorité du prévenu… — 14. Parce que c'est le jour de l'inventaire…

Exercice 4

1. Si le boulanger a dû fermer sa boutique, ce n'est pas que son pain ait été plus mauvais que celui d'un autre, mais parce qu'il n'était pas aimable avec la clientèle. — 2. Je ne veux pas te prêter de l'argent, non que je n'aie pas confiance en toi, mais je crois que tu ne pourras jamais me le rendre. — 3. Si le train est arrivé en retard, ce n'est pas parce qu'il n'était pas parti à l'heure, mais il y a eu un arrêt inattendu en pleine campagne pendant longtemps. — 4. Michel ne regarde pas les matchs à la télévision, non qu'il ne soit pas sportif, mais il a l'impression d'être trop passif. — 5. Je n'ai pas encore répondu à ta lettre, non que je n'aie pas été heureux de la recevoir, mais seulement parce que j'ai été

submergé de travail et que je n'ai pas encore trouvé le temps de le faire. — 6. Ils ne partent pas en vacances, non qu'ils ne veuillent pas se reposer, mais ils veulent profiter de ce temps libre pour repeindre leur appartement. — 7. Ce n'est pas que j'aie voulu me mettre en avant, mais j'ai cru bien faire d'intervenir à la réunion… — 8. Je vous dis carrément ce qui ne va pas, non que je veuille vous faire de la peine, mais cela vous permettra de mieux vous organiser dans l'avenir. — 9. (phrases libres). Il n'a pas voulu la revoir, ce n'est pas qu'elle ne lui ait pas donné son adresse, mais elle était déjà mariée. — 10. Je n'ai pas pris un compte bancaire, ce n'est pas parce que je n'aime pas le Crédit Lyonnais, mais je préfère les CCP. — 11. et 12. Phrases libres.

Exercice 5

1. Il a été d'autant plus humilié que la réflexion désobligeante est venue de son petit frère. — 2. Je suis d'autant moins concerné que je n'ai jamais mis les pieds dans cet organisme et que je me sens en dehors de tout cela. — 3. Elle a été d'autant plus furieuse de trouver toute la vaisselle sale sur l'évier en rentrant, qu'elle avait compté sur sa fille pour ranger la cuisine. — 4. Il a été d'autant plus déçu de rater son examen, qu'il était absolument persuadé d'avoir tout réussi. — 5. J'ai d'autant moins envie de sortir qu'il pleut et que j'ai oublié mon parapluie au bureau. — 6. Il a été d'autant plus ennuyé que son téléphone soit en dérangement ce jour-là, qu'il attendait une communication importante. — 7. Il a fait d'autant moins d'efforts pour apprendre le français, qu'il n'était pas motivé et qu'il avait d'autres chats à fouetter. — 8. Elle a été d'autant plus arrogante, que ses amies le lui avaient conseillé. — 9. Elle s'est astreinte à un régime d'autant plus sévère qu'elle voulait maigrir. — 10. Elle est d'autant moins gentille avec son père, qu'il ne s'intéresse à elle que très rarement.

Exercice 6 – p. 179

1. Je lui pardonne en raison de son état de santé. — 2. Je ne te raconte pas le film puisque tu vas aller le voir. — 3. Comme vous vous êtes adressé à quelqu'un qui n'y connaissait rien, vous avez été induit en erreur. — 4. Ne lui donne pas ton numéro de téléphone, ce n'est pas que ce soit forcément un escroc, mais on ne le connaît absolument pas. — 5. Je ne t'ai pas répondu pour la bonne raison que ta lettre s'est égarée. — 6. Il a réussi à réparer la pendule grâce à sa patience et à sa connaissance du métier. — 7. À force de le critiquer, tu vas lui enlever toute confiance en lui. — 8. Il ferma les volets car il faisait nuit. — 9. Étant donné que tu dois partir de bonne heure, commence à mettre la table. — 10. Faute de temps, il n'est pas allé au bout de ses recherches.

Exercice 7

1. …parce que je n'ai pas entendu sonner mon réveil. — 2. Puisque tu es si intelligent… — 3. …car il y a du courant d'air. — 4. Comme je pars une semaine plus tôt que prévu… — 5. …sous prétexte que sa grand-mère était mourante. — 6. …à force d'entraînement. — 7. Étant donné que ses notes étaient très mauvaises… — 8. Dès lors qu'il a pris la décision de faire des études de médecine… — 9. Puisque tu es satisfait de ton travail… — 10. Du moment qu'on prend une décision…

Exercice 8

Suggestions car plusieurs réponses sont possibles.

1. Je ne te réponds pas car, pour le moment, je ne vois pas de solution concrète… — 2. Si elle ne t'est pas venue en aide c'est parce qu'elle ne pouvait pas faire autrement… — 3. Sa paresse, puisqu'il faut bien l'appeler ainsi… — 4. … parce qu'il avait perdu les papiers nécessaires. — 5. Non puisqu'on avait prévu d'aller au cinéma. — 6. Parce qu'ils avaient oublié de fermer le portail… — 7. Étant donné que j'ai de la peine… — 8. … c'est parce qu'il me semble très important. — 9. Étant donné qu'il n'a pas touché d'indemnités de chômage…

Exercice 9 – p. 180

1. Sa mauvaise humeur *est causée* par une déficience de la vésicule biliaire. — 2. Picasso *s'est inspiré* du bombardement de Guernica pour peindre une de ses plus célèbres toiles. — 3. Le vol des tableaux *est imputé* à une bande d'escrocs internationaux. — 4. Beaucoup de troubles cardiaques *proviennent* de rhumatismes articulaires. — 5. Bien des maladies endémiques *sont dues à la* sous-alimentation. — 6. Une grande partie des termes médicaux et pharmaceutiques *tirent leur origine/proviennent/dérivent* du latin ou du grec. — 7. Tous mes ennuis de santé *sont dûs à* une carence en vitamine D. — 8. Les résultats de ses examens découleront naturellement... — 9. Les manifestations actuelles sont dues à des années... — 10. Des dégâts terribles ont été causés par un ouragan.

Exercice 10

1. Avez-vous trouvé *le mobile* du crime?... — 2. Quelle est *la raison* de votre voyage? — 3. ... pour quel *motif*... — 4. Pour quelle *raison*... — 5. Quel *prétexte*... — 6. Quelle forte *motivation*... — 7. ... *le pourquoi* de leur rupture... — 8. La *cause apparente*... la *cause profonde*... — 9. La *source*... — 10. ... le *motif*... — 11. Le *ferment*...

Exercice 11

Exercice de créativité.
1. La Révolution française n'est pas née sans raison.

Exercice 12 – p. 181

Les expressions qui marquent la cause sont en italique.

Monsieur le Percepteur,

Pour avoir payé mes impôts avec un mois de retard, j'ai été pénalisé assez sérieusement *puisque* l'on me demande maintenant une somme correspondant à 10 % supplémentaires de la somme exigée.

Ce n'est pas que je refuse de reconnaître mes torts, *mais* je vous fais remarquer, Monsieur le Percepteur, que *si* je n'ai pas payé mes impôts dans les délais requis, *c'est parce que* je ne disposais pas de la somme nécessaire. *Ce n'était ni* par négligence, *ni* par désir de frauder : je n'avais pas d'argent *n'ayant* pu toucher en temps voulu une somme que j'attendais et *ayant* entre temps perdu mon emploi.

Aussi, *vu* mon cas (*car* je me considère comme victime d'une injustice), je vous prierais, Monsieur le Percepteur, de bien vouloir examiner ma demande d'exonération de majoration. *Étant donné* les circonstances particulières que je vous ai exposées, j'espère que vous y serez favorable.

Je vous remercie à l'avance et vous prie de croire, Monsieur le Percepteur, à mes sentiments distingués.

Exercice 13

Exercice de créativité.
Ex : Je ne suis pas allé au cours parce que mon réveil n'a pas sonné. Ce n'est pas une raison !

Exercice 14 – p. 182

Exercice de créativité à faire faire en classe par petits groupes.

Exercice 15

Abonnez-vous sans tarder au journal

Le Petit Savoyard

Le quotidien de votre département

■ *Parce que* vous n'avez pas le temps de lire les grands quotidiens mais que vous voulez connaître les grandes lignes des événements de votre pays.

■ *Parce que* vous voulez être au courant des activités culturelles de votre ville.

■ *Parce que* vous êtes passionné par l'administration de votre cité.

■ *Parce que* vous vous intéressez à tous les dynamismes et à toutes les motivations.

■ *Parce que* vous n'avez pas le temps de descendre tous les jours acheter votre journal.

Abonnez-vous sans tarder à notre journal en renvoyant la feuille ci-jointe accompagnée d'une autorisation de prélèvement bancaire.

Nous vous proposons également aujourd'hui une offre de parrainage qui va faire plaisir :

■ à vous *puisqu*'elle va vous rapporter un chèque parrainage de 15 euros qui vous fera bénéficier du premier mois d'abonnement gratuit ;

■ à votre filleul *puisqu*'il recevra lui aussi un chèque de bienvenue de 15 euros et un premier mois d'abonnement gratuit.

Alors, n'attendez plus. Dépêchez-vous d'écrire.

Bien sincèrement

Toute l'équipe de rédaction du *Petit Savoyard*

– *La répétition des « parce que » et des « puisque » a toujours une valeur publicitaire par l'énumération des raisons nécessaires et indispensables qui doivent nécessairement aboutir au résultat de vente escompté.*

Exercice 16 – p. 183

Les motivations de Mme Artamont.

Elle aime la nature donc elle a choisi une entreprise qui a un bureau s'ouvrant sur une pépinière.

Elle a envie de regarder pousser les plantes.

Elle respire plus d'oxygène qu'ailleurs.

Elle veut travailler seule dans son bureau pour ne pas avoir à respirer la cigarette des autres.

Elle vient travailler en vélo par souci écologique.

Elle ne veut manger que des salades et des légumes frais achetés dans un petit marché qu'elle connaît.

Elle y tient car cela l'oblige à se lever très tôt mais elle est sûre de ne pas manger de pesticides.

Elle veut avoir comment ont été élevées les poules qui ont pondu les œufs qu'elle va manger.

Elle déjeune chez elle car elle est motivée pour savoir ce qu'elle mange.

Elle veut être sûre de la qualité de l'hygiène

Elle ne mange que des produits naturels.

L'expression de la conséquence

Exercice 1 – p. 185

1. ...*si bien* qu'il sera tout fleuri au printemps. — 2. ...*de sorte qu*'il n'est jamais au courant des événements du monde. — 3. ...*si bien que* tu ne dormiras pas cette nuit. — 4. Odile est *si* réservée *qu*'on ne s'aperçoit jamais de sa présence. — 5. La façade de la maison est *trop* vétuste *pour qu*'on tire un bon prix d'une vente éventuelle. — 6. ...*de sorte que* la couverture en est tout abîmée. — 7. Ta robe est *tellement* froissée *que* tu es obligée de la repasser pour sortir. — 8. ...*tant et si bien que* la voiture ne pouvait plus avancer. — 9. ...*à tel point* que tu ne retrouves plus rien. — 10. Valérie parle trop *si bien que* personne ne lui dit jamais rien. — 11. ...*c'est pourquoi* elle a dû la faire réparer. — 12. Elle avait mis un chapeau *assez* ridicule *pour* faire sourire tout le monde. — 13. *de sorte que* tu auras mal à la gorge demain. — 14. Cette plante est *trop* fragile *pour* passer l'hiver sur le balcon (*pour que* tu ne la rentres pas l'hiver).

Exercice 2

1. L'automobiliste est passé au feu rouge : *en conséquence* il a eu une contravention. — 2. Le réveil n'a pas sonné ; *aussi* ne me suis-je pas réveillé. — 3. La neige était *trop* poudreuse *pour* que les skis puissent glisser. — 4. Elle n'a pas su tenir sa langue ; *alors* tout le monde a été au courant. — 5. Les artichauts étaient trop chers *de sorte que* je n'ai pas pu en acheter. — 6. Son compte bancaire n'était plus alimenté ; *par conséquent* elle a fait des chèques sans provision. — 7. Il n'avait pas réparé les freins de sa bicyclette : *c'est pourquoi* il a eu un accident. — 8. Les rivières sont polluées *à tel point qu*'on y trouve des poissons morts. — 9. Elle bégaye *tellement qu*'on ne comprend pas toujours ce qu'elle dit. — 10. La mer est *si* mauvaise *que* tous les passagers ont le mal de mer. — 11. ...*si bien qu*'il n'est jamais au courant de rien. — 12. Il n'a qu'une parole, *donc* il ne reviendra pas sur ce qui a été dit. — 13. Il est *assez* en pays de connaissance *pour* se sentir bien à son aise. — 14. ...*de telle manière qu*'il a saisi la nuance de chaque mot.

Exercice 3 – p. 186

1. Il est fatigué, *c'est pourquoi* il est resté au lit. — 2. Le garçon jouait de la guitare *si bien que* le voisin en était excédé. — 3. Il avait des préoccupations ; *aussi restait-il* des heures... — 4. ...*c'est pourquoi* au bout de trois heures il n'en pouvait plus. — 5. ...*ainsi* elle a l'air/*ainsi a-t-elle l'air* d'avoir dix ans de plus que son âge. — 6. ...*dès lors* on ne peut plus rien lui confier. — 7. ...*donc* on ne le croit plus. — 8. ...*c'est pourquoi* on peut s'attendre.... — 9. ...*si bien que* la photo a été surexposée.... — 10. ...*c'est pourquoi* elle a eu son permis de justesse.

Exercice 4

1. Il avait *tant* d'argent *qu*'il a cru qu'il pouvait le dilapider. — 2. Il faisait si froid *que* nous avions l'onglée malgré nos gants. — 3. Il s'est *tellement* fatigué à construire sa maison lui-même *qu*'il est tombé malade peu de temps après. — 4. Elle a *tellement bien* caché ses bijoux *qu*'elle ne les retrouve plus. — 5. Il a crié *si fort qu*'il a terrorisé ses enfants *et que* le chien est allé se coucher sous l'armoire. — 6. La grève a été dure *au point de* paralyser tout le pays. La grève a été *tellement* dure *qu*'elle a paralysé tout le pays. — 7. Le racisme existe encore *au point qu*'il crée quelquefois des relations exacerbées entre les gens, dans le métro par exemple. — 8. Il a été *si* humilié devant ses camarades *qu*'il en garde encore un souvenir cuisant. — 9. Elle a eu *tant de* revers dans son existence *qu*'elle a perdu toute joie de vivre. — 10. Le lac est *tellement* gelé *qu*'on peut patiner sur sa surface.

Exercice 5

1. retentissement. — 2. conséquences. — 3. suites, séquelles. — 4. ricochet — 5. déductions, corollaires. — 6. impact. — 7. conséquence/effet. — 8. contrecoup. — 9. fruit. — 10. réaction.

Exercice 6 – p. 187

1. l'issue. — 2. la portée. — 3. répercussions. — 4. les tenants et les aboutissants. — 5. l'aboutissement. — 6. les séquelles/les suites. — 7. les conséquences. — 8. conclusions (leçons). — 9. incidence. — 10. influence.

Exercice 7

1. Son intervention *a entraîné/a déclenché* les applaudissements de la foule. — 2. Le comique de sa remarque *a déclenché/a provoqué* les rires de l'auditoire. — 3. Son comportement bizarre *a éveillé* les soupçons de ses voisins. — 4. Son héritage récent *a provoqué/déclenché* la jalousie de son entourage. — 5. Ses échecs successifs *ont occasionné/ont amené/ont provoqué* une révision/une remise en question de ses conceptions. — 6. L'originalité de son film *a suscité* les éloges de l'unanimité des critiques. — 7. Ses nombreux et successifs cambriolages *ont déterminé* l'installation d'un système d'alarme dissuasif. — 8. La qualité de ses propositions *a soulevé/a suscité* l'enthousiasme. — 9. Le froid exceptionnel de cette année *a provoqué* des dégâts incalculables.

Exercice 8

1. *La conséquence*: Elle avait une telle migraine qu'elle a demandé qu'on baisse le son du poste de radio. *La cause*: Elle a demandé qu'on baisse le son de la radio parce qu'elle avait la migraine. — 2. *La conséquence*: Il y a eu des giboulées, du soleil et de la pluie, si bien que les pelouses ont reverdi en deux jours. *La cause*: Les pelouses ont reverdi en deux jours parce qu'il y a eu des giboulées, du soleil et de la pluie. — 3. *La conséquence*: Ce pâtissier vend ses gâteaux trop cher pour que je retourne chez lui. *La cause*: Je ne retourne plus chez ce pâtissier; en effet il vend ses gâteaux trop cher. — 4. *La conséquence*: Un poste était vacant; en conséquence il a présenté sa candidature. *La cause*: Un poste était vacant, il a présenté sa candidature. — 5. *La conséquence*: Il raconte toujours des anecdotes amusantes, si bien qu'on aime bavarder avec lui. *La cause*: Comme il raconte toujours des anecdotes amusantes, on aime bavarder avec lui. — 6. *La conséquence*: Elle a dépensé tout son argent en futilités, tant et si bien qu'elle ne peut plus payer son loyer. *La cause*: Elle ne peut plus payer son loyer parce qu'elle a dépensé tout son argent en futilités. — 7. *La conséquence*: Il est perclus de rhumatismes au point de prendre chaque jour des analgésiques. *La cause*: Étant donné qu'il est perclus de rhumatismes, il prend chaque jour des analgésiques. — 8. *La conséquence*: Il est tellement avare qu'il ne veut pas profiter des avantages de la vie. *La cause*: Parce qu'il est avare, il ne veut pas profiter des avantages de la vie. — 9. *La conséquence*: Elle ne sait pas danser, si bien qu'elle reste toujours dans son coin. Elle reste toujours dans son coin, si bien qu'elle ne sait pas danser. *La cause*: C'est parce qu'elle ne sait pas danser qu'elle reste toujours dans son coin. — 10. *La conséquence*: Il est impulsif, si bien qu'il ne fait que des bêtises. *La cause*: S'il ne fait que des bêtises, c'est qu'il est impulsif.

Exercice 9 – p. 188

1. Il suffit d'un coup de chiffon avec LUXOR pour avoir des chaussures super-brillantes. — 2. Quelques gouttes d'huile d'olive pour avoir du soleil dans votre salade. — 3. Seulement une pincée de sel et un décilitre de lait, et vous avez une purée onctueuse. — 4. Il faut seulement porter à ébullition le contenu de cette boîte pour avoir une soupe de poisson comme sur le Vieux-Port à Marseille. — 5. Il n'est pas besoin de sortir de Polytechnique pour pouvoir s'instruire en lisant la nouvelle Encyclopédie COSINUS. — 6. Il est urgent de changer vos lunettes pour voir la vie en rose. — 7. Un peu de persévérance et vous pourrez acquérir une mémoire étonnante. — 8. Il ne faut pas plus de trois minutes pour préparer un délicieux gâteau d'anniversaire, si vous utilisez les nouveaux sachets ultra-rapides LUCULLUS.

Exercice 10

1. Tu as voulu avoir une mobylette plus rapide, et tu as eu un accident. — 2. Tu as voulu n'en faire qu'à ta tête, et tu en payes maintenant les conséquences. — 3. Tu n'as pas débranché le fer électrique

en partant, tu as brûlé la toile de la planche à repasser. — 4. Cette année le 1er mai tombe un dimanche, cela fait un jour de congé en moins. — 5. Les partis politiques tirent tous la couverture à eux, les électeurs en sont écœurés. — 6. Il est débrouillard, il saura réparer la télévision. — 7. La SNCF sera en grève jeudi, une fois de plus ce seront les utilisateurs qui auront à en supporter les conséquences. — 8. Tu as jeté tes mégots sur le tapis, évidemment tu as fait des trous. — 9. Il dit n'importe quoi à n'importe qui, il s'étonne de se faire des ennemis. — 10. Il a un caractère épouvantable, personne ne peut plus le supporter.

Remarque: la seconde proposition peut commencer simplement par « et » qui souligne l'idée de conséquence.

Exercice 11

Exercice de créativité à faire faire par petits groupes.
Ex: Il n'est pas venu, tant pis pour lui !

Exercice 12 – p. 189

Vous venez d'assister à un accident

La voiture est arrivée sur la droite, elle a heurté la porte arrière. — Le conducteur était distrait, il ne l'a pas vue. — Il était en train de gronder sa petite fille si bien qu'il s'était retourné. — Il avait la tête tournée en arrière de telle sorte qu'il n'a pas fait attention. — Il était tellement énervé qu'il ne se concentrait plus. — Il n'a pas vu arriver la voiture, c'est pourquoi il a continué à avancer, etc.

Vous êtes marchand de légumes…

Il y a eu une vague de froid, les légumes sont à un prix exorbitant. — Tout a gelé si bien qu'il n'y a plus de salades ni de poireaux. — Les camions n'ont pas pu circuler pendant plusieurs jours et maintenant les stocks sont épuisés. — Les routes étaient enneigées et après il y a eu les barrières de dégel si bien que les camions n'ont pu circuler. — Il faut attendre les tomates d'Espagne, et les oranges du Maroc pour avoir des fruits et des légumes frais.

Vous êtes professeur

Vous ne voulez pas vous taire quand j'explique quelque chose. Comme vous voulez: vous apprendrez cette leçon, seuls, dans votre livre. — Vous ne voulez pas l'apprendre? C'est vous qui passez l'examen, ce n'est pas moi. — Vous vous imaginez que je vais accepter une deuxième fois une séance comme celle-là? Vous aurez une interrogation écrite demain, etc.

Exercice 13 / Texte

L'arrivée de Julien Sorel

« Avec la vivacité et la grâce qui lui étaient naturelles, Mme de Rénal sortait par la porte-fenêtre du salon qui donnait sur le jardin, quand elle aperçut près de la porte d'entrée la figure d'un jeune paysan presque encore enfant, extrêmement pâle et qui venait de pleurer…

Le teint de ce petit paysan était *si* blanc, ses yeux *si* doux, *que l'esprit un peu romanesque de Mme de Rénal eut d'abord l'idée que ce pouvait être une jeune fille déguisée* qui venait demander quelque grâce à M. le maire. Elle eut pitié de cette pauvre créature, arrêtée à la porte d'entrée, et qui évidemment n'osait pas lever la main jusqu'à la sonnette. Mme de Rénal s'approcha, distraite un instant de l'amer chagrin que lui donnait l'arrivée du précepteur. Julien, tourné vers la porte, ne la voyait pas s'avancer. Il tressaillit, quand une voix douce dit tout près de son oreille:

"Que voulez-vous, ici, mon enfant?"

Julien se tourna vivement et, frappé du regard *si rempli de grâce de Mme de Rénal, il oublia une partie de sa timidité*. Bientôt, étonné de sa beauté, il oublia tout, même ce qu'il venait faire. Mme de Rénal avait répété sa question.

"Je viens pour être précepteur, madame", lui dit-il, tout honteux de ses larmes qu'il essuyait de son mieux.

Mᵐᵉ de Rénal resta interdite, ils étaient fort près l'un de l'autre à se regarder. Julien n'avait jamais vu un être aussi bien vêtu et surtout une femme avec un teint si éblouissant lui parler d'un air doux. Mᵐᵉ de Rénal regardait les grosses larmes qui s'étaient arrêtées sur les joues si pâles d'abord et maintenant si roses de ce jeune paysan. Bientôt elle se mit à rire, avec toute la gaieté folle d'une jeune fille, elle se moquait d'elle-même, et ne pouvait se figurer tout son bonheur. Quoi, c'était là ce précepteur qu'elle s'était figuré comme un prêtre sale et mal vêtu, qui viendrait gronder et fouetter ses enfants!

"Quoi, Monsieur, lui dit-elle enfin, vous savez le latin?"

Ce mot de monsieur étonna *si* fort Julien *qu'il réfléchit un instant.*

"Oui madame", dit-il timidement.

Mᵐᵉ de Rénal était *si* heureuse *qu'elle osa dire à Julien:*

"Vous ne gronderez pas trop ces pauvres enfants?"

"Moi, les gronder, dit Julien étonné, et pourquoi?

– N'est-ce pas, Monsieur, ajouta-t-elle après un petit silence et d'une voix dont chaque instant augmentait l'émotion, vous serez bon pour eux, vous me le promettez? »

S'entendre appeler de nouveau monsieur, bien sérieusement et par une dame si bien vêtue, était au-dessus de toutes les prévisions de Julien… Mᵐᵉ de Rénal de son côté trouvait l'air timide d'une jeune fille à ce fatal précepteur dont elle avait tant redouté pour ses enfants la dureté et l'air rébarbatif. Pour l'âme si paisible de Mᵐᵉ de Rénal, *le contraste de ses craintes et de ce qu'elle voyait fut un grand événement.* Enfin elle revint de sa surprise.

« Entrons, Monsieur », lui dit-elle…

Stendhal
Le Rouge et le Noir, chapitre VI

Texte 14 – p. 190

Lettre de George Sand après la mort du peintre Eugène Delacroix

Nohant, 18 août 1863

« Oui, j'ai le cœur navré. J'ai reçu de lui le mois dernier une lettre où il me disait qu'il prenait part à notre joie d'avoir un enfant, et où il me parlait "d'un mieux sensible" dans son état. J'étais *si* habituée à le voir malade *que je ne m'en alarmais pas plus que de coutume.* Pourtant sa belle écriture ferme était bien altérée. Mais je l'avais déjà vu ainsi plusieurs fois. Mon brave ami Dessauer était près de nous quelques jours plus tard. Il l'avait vu. Il l'avait trouvé livide, mais *pas tellement faible qu'il ne lui eût parlé longtemps de moi et de nos vieux souvenirs avec effusion.* J'ai appris sa mort par le journal! C'est un pèlerinage que je faisais avec ma famille et avant tout, chaque fois que j'allais à Paris. Je ne voulais pas qu'il fût obligé de courir après moi qui ai toujours beaucoup de courses à faire. Je le surprenais dans son atelier. "Monsieur n'y est pas!" — Mais il entendait ma voix et accourait en disant: "Si fait, si fait, j'y suis". Je le trouvais, quelque temps qu'il fit, dans une atmosphère de chaleur tropicale et enveloppé de laine rouge jusqu'au nez, mais toujours la palette à la main, en face de quelque toile gigantesque; et après m'avoir raconté sa dernière maladie d'une voix mourante, il s'animait, causait, jetait son cache-nez, redevenait jeune et pétillant de gaîté et ne voulait plus nous laisser partir. Il fouillait toutes ses toiles et me forçait d'emporter quelque pochade admirable d'inspiration. La dernière fois l'année dernière (quand je vous ai vu), j'ai été chez lui avec mon fils et Alexandre Dumas fils, de là, nous avons été à Saint-Sulpice et puis nous sommes retournés lui dire que c'était sublime, *et cela lui a fait plaisir.* C'est que c'est sublime en effet, les défauts n'y font rien…

(…) Vous êtes aimable de me parler de lui, et vous partagez mes regrets comme vous partagez mon admiration… Mon fils, qui a été son élève et un peu son enfant gâté, est bien affecté… »

George Sand

Exercice 15 – p. 191 / Les mots qui expriment la conséquence sont en italiques

Les petits boulots

Il suffit de réfléchir un peu et de ne pas avoir peur de se fatiguer pour gagner quelque argent. Un automobiliste s'arrête au feu rouge avec un pare-brise à travers lequel il ne voit plus rien. *Hop!* Tu te précipites *et* en une minute tu lui nettoies sa vitre : il te passe une pièce. Si tu es un peu leste *tu peux en faire pendant deux ou trois heures; tu as vite gagné une bonne petite somme.*

Pour la Toussaint, tout le monde va porter des fleurs au cimetière. Tu repères une vieille dame trop fragile pour porter toute seule son pot de chrysanthèmes. Tu lui proposes tes services pour l'accompagner jusqu'à la tombe de son mari. Trop reconnaissante, *elle te refile une bonne pièce. Et tu recommences…*.

Pour Noël, si tu peux te faire embaucher comme Père Noël dans un grand magasin, *tu as un bon boulot* pendant quelques jours. *Il suffit de ne pas avoir peur du froid, et d'être assez plaisantin* pour faire sourire les gosses au moment de la photo ; les parents seront *tellement* ravis *qu'ils te glisseront* un billet en douce.

Si tu es assez dégourdi pour manier un peu le pinceau et les couleurs, tu peux aussi décorer des vitrines ; des sapins, du houx, un peu de neige et *hop!* tu donnes un petit air de fête à un bistro banal ! *Aussi,* le patron enchanté de voir arriver des inscriptions pour le dîner du réveillon, *te paie bien et te demande de revenir* l'année suivante !

À la sortie de la gare, tu peux aussi te rendre utile. Les gens arrivent chargés de valises encombrantes qu'ils ont peine à porter ; Tu leur proposes ton aide pour les accompagner jusqu'à leur voiture. Évidemment tu leur fais un grand sourire pour les rassurer… *et ils ne disent pas non. Ils te donnent une pièce* pour te remercier et ainsi de suite. *Il suffit d'*avoir un peu d'imagination et de débrouillardise. N'est-ce pas vrai ?

B. Guerry
Portraits inédits

L'expression du but

Exercice 1 – p. 193

1. …que le cadre soit égayé, embelli. — 2. …soient plus savoureux. — 3. …de la pluie/d'être surprise par la pluie. — 4. …tu ne sois pas en retard demain pour prendre le train. — 5. …son petit enfant puisse la suivre. — 6. …se faire bien comprendre. — 7. …qu'on puisse respirer à l'aise. — 8. …notre bébé ne se réveille. — 9. …le texte soit plus facile à comprendre. — 10. …me laisser un peu de place pour ma moto. — 11. …nous ne manquions pas le premier autobus. — 12. …qu'elles ne soient pas trop rapidement fanées. — 13. …que la visite ne leur paraisse pas trop monotone. — 14. …le laisser se déchirer davantage.

Exercice 2

1. …mangez une pomme à jeun le matin ! — 2. …utilisez des produits de rinçage recommandés par les fabricants. — 3. …jouez au loto. — 4. …répétez le mot « ouistiti » à plusieurs reprises en faisant des compliments à votre entourage. — 5. …fertilisez-le avec un bon engrais. — 6. …portez des bretelles de couleur. — 7. …faites du camping à la ferme. — 8. …branchez-vous sur la 36ᵉ chaîne.

Exercice 3

1. Mon *objectif* premier est de gagner la Coupe du monde. — 2. Il a eu *des visées* trop ambitieuses. — 3. Une seule chose compte pour moi : atteindre *l'objectif* que je m'étais fixé. — 4. Qui veut *la fin*, veut les moyens. — 5. Il a fini par arriver à *ses fins* : brouiller entre eux tous les membres de sa famille. — 6. Je n'ai pas encore compris *l'objet* de sa lettre. — 7. En guettant sa victime, l'assassin méditait de

noirs *desseins*. — 8. Mon *but* est avant tout de vous faire connaître la vie et l'œuvre de cet écrivain mal connu. — 9. Il est nécessaire que vous fixiez *un terme* à vos travaux sans quoi vous ne les finirez jamais. — 10. J'ai utilisé de l'encre rouge *à dessein* : afin de mieux attirer l'attention sur mon adresse.

Exercice 4 – p. 194

1. subj. : but. — 2. ind. : conséquence. — 3. subj. : but. — 4. inf. : but. — 5. ind. : conséquence. — 6. subj. : but. — 7. inf. : but. — 8. subj. : but. — 9. inf. : but. — 10. ind. : conséquence. — 11. ind. : conséquence. — 12. subj. : but.

Exercice 5

1. …si bien qu'il n'avait plus mal au bout de 10 minutes. — 2. J'ai pris une aspirine de façon à/en sorte de ne plus souffrir. — 3. Une guêpe l'a piqué de sorte que sa main s'est mise à gonfler. — 4. Il a expliqué la difficulté de manière à être compris. — 5. Il a expliqué encore une fois la difficulté de façon que les élèves comprennent. — 6. Il a expliqué encore une fois la difficulté de sorte que tout le monde a compris. — 7. Au lieu du train, il a pris l'avion, de sorte qu'il sera de retour plus tôt que prévu. — 8. Il avait souligné en rouge l'heure du rendez-vous de manière à ne pas l'oublier. — 9. Marchez sur la pointe des pieds, de sorte que personne ne vous entende. — 10. Elle s'était maquillée soigneusement de manière qu'on ne la reconnaisse pas.

Exercice 6

1. …je voudrais un appartement qui soit plutôt orienté au sud et bien ensoleillé. — 2. …je désire une robe qui puisse servir en diverses occasions. — 3. …je souhaite un mari qui ne soit pas dérangé à toute heure du jour et de la nuit. — 4. …je cherche une édition qui soit dans la langue originale. — 5. …je préférerais des enfants qui soient bien vivants. — 6. …je préférerais un quartier qui soit plus central. — 7. …je préférerais une salade qui soit plus exotique. — 8. …je la donnerais en priorité à une personne que j'aie vue à l'épreuve. — 9. …j'irai plutôt faire une promenade qui ne soit ni trop longue, ni fatigante. — 10. …non, une voiture qui soit économique avec un moteur de petite cylindrée me conviendrait mieux. — 11. …oui, je voudrais des tissus qui soient assortis. — 12. …je préférerais un éclairage indirect qui soit assuré par plusieurs lampes à abat-jour. — 13. …j'aimerais entreprendre des études qui ne soient pas trop longues. — 14. Je compte choisir un site qui soit proche de la mer et de la montagne, sans être trop populeux.

Exercice 7 – p. 195

Nous proposons quelques contextes :

– N'hésite pas avant de plonger : *Allez, vas-y !*

– Va demander une augmentation à ton patron : *Prends ton courage à deux mains !*

– Tu ne dois pas te décourager au premier obstacle : *ne baisse pas les bras !*

– « Les petits ruisseaux font les grandes rivières » et notre travail avance : *On y arrivera.*

– L'accouchement se présente bien : ne *t'en fais pas ; tout ira bien.*

– Écrire une thèse de linguistique de mille pages que personne ne lira : *à quoi bon ?*

– Préparer un tel repas pour vingt personnes : *je ne sais pas comment m'y prendre.*

– Mettre en ordre cette immense maison après les fêtes du Nouvel An : *je ne sais pas par quel bout commencer.*

– C'est un travail colossal : *je n'en vois pas l'issue.*

– Tu dis que « ce n'est pas la mer à boire », mais la tâche à laquelle je me suis attelé est énorme : *je ne suis pas encore sorti de l'auberge.*

– J'ai trop présumé de mes forces, ce travail de Titans, *c'est trop dur.*

– Depuis trois jours j'essaie en vain de rétablir l'électricité dans le garage : *je n'y arriverai pas.*

– Je ne sais comment financer la suite des travaux de construction de ce chalet familial : *j'ai vu trop grand.*

– Je voulais te faire une surprise : *c'est raté.*

– J'ai échoué au concours du CAPES et à l'entrée de l'École normale : *j'ai voulu courir deux lièvres à la fois.*

– C'est la dernière fois que je travaille « pour des prunes » : *on ne m'y reprendra pas.*

— Enfin mon travail est en ordre : *c'est fait.*

– Je t'ai rapporté du Mexique le poncho que tu m'avais demandé de t'acheter : *mission accomplie.*

– J'ai enfin trouvé la solution de ce problème difficile de trigonométrie : *Eurêka !*

– Nous n'avons pas fait fortune, mais *l'essentiel c'est d'avoir atteint le but que nous nous étions proposé.*

Exercice 8 / Texte

Vivre, c'est construire des projets
Réponses libres.

L'expression de la concession, de l'opposition, et de la restriction

Exercice 1 – p. 199

1. soit. — 2. fût/soit. — 3. fût/soit. — 4. …soit… — 5. … fût/soit — 6. …quoique le temps ait été… — 7. …ait… — 8. Tout astucieux qu'il est — 9. …ne s'en doutait pas. — 10. qu'elle soit… — 11. Quoi que tu fasses, qui que tu sois…

Exercice 2

1. Tu avais beau avoir envie de rire, tu as gardé ton sérieux. — 2. Il a beau y avoir du soleil, il fait très froid. — 3. Ce garçon a beau être très jeune, il a de la maturité d'esprit. — 4. Tu as beau être très engagé dans la vie politique, tu t'abstiens de voter. — 5. On a beau avoir l'impression qu'il agit d'une manière inconséquente, il garde son bon sens et sa raison. — 6. J'ai beau n'avoir que parcouru votre livre, je sais déjà qu'il me passionnera. — 7. Certains meubles avaient beau avoir de la valeur, j'ai dû m'en débarrasser car je ne savais plus où les mettre. — 8. Le petit garçon a beau avoir en général un certain respect vis-à-vis de ses parents, il a haussé les épaules quand sa mère lui a parlé. — 9. Il a beau parler à mots couverts, je comprends tout ce qu'il veut dire.

Exercice 3 – p. 200

1. *Bien qu'*elle soit vétuste, cette grande maison a encore belle allure. — 2. Cette robe me plaît, *même si* elle n'est plus très à la mode. — 3. Mes plantes ont gelé cet hiver : *malgré* tous mes soins, elles n'ont pas reverdi au printemps. — 4. *Quelle que* soit ma fatigue, j'assisterai au mariage de mon amie. — 5. Si compétent soit-il. — 6. Le printemps *a beau* être précoce cette année, aucune violette n'a encore fleuri. — 7. Tu redoutes le froid *et pourtant* tu ne prévois pas un chauffage d'appoint pour les demi-saisons. — 8. Un moustique, *même s'*il est très petit, peut vous agacer toute une nuit. — 9. *Alors qu'*il avait un contrat de travail à durée indéterminée, il a été licencié sans préavis. — 10. Il est très timide et pourtant il a osé prendre la parole en public.

Exercice 4

1. *Malgré* mille et une péripéties… — 2. *Bien qu'*elle ait traversé de grosses épreuves, elle a toujours le sourire. — 3. Il *a beau* être sourd, il entend toujours ce qu'on ne voudrait pas qu'il entende. — 4. Alors que tu as des problèmes de santé importants, tu ne veux pas te soigner. — 5. Dans la vie, *s'il* y a des roses, il y a aussi des épines. — 6. … *si* court *soit-il*, il me fera grand plaisir. — 7. *Malgré* une forte fièvre, il a voulu partir. — 8. *Même si tu faisais* acte de présence, je saurais bien qu'en réalité….

— 9. *Quelque* amoureux de Paris qu'*il soit*, il habite la province. 10. *Alors qu*'il a une certaine aisance financière, il préfère se priver de tout plutôt que de dépenser de l'argent.

Exercice 5

1. *Pendant que* sa femme regarde la télévision… — 2. Il sait manier son Internet avec facilité *alors qu*'il ne sait pas faire une addition correctement… — 3. …l'une est expansive, *tandis que* l'autre est refermée sur elle-même. — 4. Il est resté étendu sur une chaise longue en fumant une cigarette *alors que/tandis que* tout le monde s'affairait pour préparer le dîner. — 5. France-Inter diffuse des informations pour grand public *tandis que* France-Culture s'adresse à des auditeurs plus cultivés. — 6. Il est ravi par la peinture impressionniste *alors qu*'il ne comprend rien à la peinture abstraite. — 7. Nous vivons dans le luxe d'une société de consommation *pendant que* des millions de gens meurent de faim. — 8. Il circule à vélo *alors qu*'il aurait dix fois les moyens de s'offrir une voiture. — 9. Il a engagé des frais énormes *alors qu*'il n'a même pas de quoi payer ses factures. — 10. *Alors que* je t'explique des choses importantes, tu regardes la télévision.

Exercice 6

1. Bien qu'il soit malade, il mène une vie tout à fait normale. — 2. Ce commerçant a l'air honnête, pourtant il ne faut pas s'y fier. — 3. Bien que son chien ait l'air doux et sympathique, il mord ceux qui l'approchent. — 4. Il sort avec une canne blanche, alors qu'il y voit suffisamment pour se conduire (même s'il y voit suffisamment….). — 5. Même s'ils me font mal aux pieds, je mets mes souliers neufs tous les jours. — 6. Bien que tu te sois trompé, tu n'as pas perdu confiance en toi. — 7. Le cambrioleur avait beau se dissimuler derrière une cagoule, il a été reconnu et arrêté. — 8. Alors que tu as tout pour être heureuse, tu as souvent l'air triste. — 9. Il bannit certaines expressions de son vocabulaire et pourtant il est souvent grossier quand… — 10. Alors qu'il était vif et plein de gaîté autrefois, il est maintenant morne et affaissé.

Exercice 7 – p. 201

1. …il s'intéresse *en revanche* à tout ce qui est artistique. — 2. En Normandie *au contraire* il n'a fait que pleuvoir. — 3. …Jean *au contraire* est le désordre incarné. — 4. …*en revanche/par contre* elle a su répéter tout ce que son petit camarade lui avait raconté pendant la classe. — 5. …le prix des péages *au contraire* a augmenté. — 6. …*au contraire*, il régresse. — 7. …*en revanche* elle ne sait absolument pas faire cuire une viande. — 8. …*au contraire* il a voulu que ce soit son ami qui ait la préséance. — 9. …*en revanche*, nous sommes ouverts à toute autre proposition. — 10. …*en revanche* il veut de la verdure et de la clarté.

Exercice 8

1. Gardons confiance *quoi qu*'il advienne. — 2. Je suis toujours critiqué *quoi que* je fasse. — 3. *Quoiqu*'il soit encore jeune, il est acariâtre. — 4. Il faudra le comprendre *quelle que soit* sa réaction. — 5. Il a mis à jour tout son courrier *quoiqu*'il soit en général très négligent. — 6. Elle fait toujours son lit avant de partir *quelle que soit* l'heure. — 7. Il ne te prendra jamais au sérieux *quoi que* tu dises. — 8. Il faudra tout de même qu'il limite ses ambitions *quelles que soient* ses prétentions. — 9. Il a souvent eu l'occasion de lui pardonner, *quelque* rancunier *qu*'il soit. — 10. Il est tellement susceptible qu'il se fâche *quoi qu*'on lui dise. — 11. Il sera à même de me comprendre, *quels que soient* ses préjugés et ses idées préconçues. 12. Il ne remercie jamais, *quel que soit* le cadeau qu'on lui apporte. — 13. Il a bon fond, *quelque* cynique qu'il soit dans ses propos.

Exercice 9 – p. 202

1. opposition (ironie). — 2. conséquence. — 3. opposition (ironie). — 4. conséquence. — 5. addition (ou conséquence). — 6. opposition (ironie). — 7. opposition. — 8. addition. — 9. opposition (ou conséquence). — 10. opposition (ironie).

Exercice 10

1. Bien que Jacques ait réussi à son examen, il n'est pas content du fait qu'il n'a pas eu la note qu'il voulait. — 2. Bien que mon frère ait l'air guéri, il prend encore des antibiotiques, de crainte d'une rechute. — 3. Malgré son tempérament fragile, il peut faire pas mal de sport, ayant un bon entraînement. — 4. Quoiqu'elle ne veuille pas apprendre l'anglais, elle est partie pour Londres par suite de l'insistance d'une de ses amies. — 5. Il a beau bien connaître Paris, il se perd dans certains quartiers, faute de plan. — 6. Bien qu'elle n'ait jamais rien tricoté, elle a réussi à faire un chandail à son fils à force de patience et de bonne volonté. — 7. Bien qu'il ait posé sa candidature, son dossier n'a pas été accepté du fait de sa trop mauvaise vue. — 8. Malgré sa bonne entente avec son frère, il s'est disputé avec lui à la suite de malentendus regrettables. — 9. Bien que la barque fût amarrée, la tempête l'a emmenée au loin malgré les solides cordages qui la tenaient attachée. — 10. Bien qu'il n'aime pas les gâteaux, il a apporté pour le dessert des tartes qui ont provoqué nos protestations.

Exercice 11 – p. 203

Les expressions qui marquent la concession, la restriction ou l'opposition sont soulignées en italique.

> Robert,
> *Bien qu'*il m'en coûte, j'ai décidé de te quitter *malgré* la peine que je risque de te faire. Ma décision est irréversible. *Tu auras beau dire, tu auras beau faire,* je ne changerai en rien ma détermination.
> Peut-être plus tard, pourrons-nous repenser à cela. Mais pour l'instant je n'en peux plus et je pense que, *quoi qu'il en soit,* il n'est pas possible d'envisager en ce moment, de vivre en commun ou tout simplement de nous rencontrer à nouveau.
> Je tiens *pourtant* à te dire que je n'oublierai pas certains bons moments que nous avons passés ensemble *même si,* plus tard ils ont été ternis par trop de mésentente ou de malentendus.
> *Si douloureux que cela puisse être* pour l'un et pour l'autre, il faut maintenant nous en tenir là.
> Je te demande de ne rien faire pour le moment, *quelle que soit ton envie* de réagir en recevant cette lettre. J'ai besoin de prendre du recul pour mûrir tout cela *malgré l'apparente indifférence* dont tu m'accuseras.
> Tâche de m'oublier.
>
> Juliette

Exercice 12 – p. 204

Exercice de créativité.
1. Tu t'es sali! Mais c'est incroyable!

Exercice 13 / Texte de Zola

1. Une impression de grandeur, de monstruosité, de mystère.
2. L'opposition est visuelle (fumées roussâtres/s'éclairait…); le point d'articulation est « tandis que ».
3. Exemples: noyé/submergé – Couleurs: couleur de plomb, roussâtres…
4. Oui. « Tout l'est de la ville… »

Exercice 14 – p. 205 / Pour ou contre

Exercice de créativité.

L'expression de l'hypothèse et de la condition

Exercice 1 – p. 208

1. arrive/arrivera. — 2. passerais. — 3. tu pourrais — 4. n'aurais pas eu — 5. je ne serais pas venu à bout — 6. S'ils ne viennent pas me chercher… — 7. Il n'aurait jamais obtenu…. — 8. Que tu aies… que tu aies réglé les problèmes d'assurance… — 9. Si nous ne partons pas tout de suite… — 10. …il aurait réussi.

Exercice 2

1. vous nous receviez. — 2. que vous ayez… — 3. tu n'aurais plus d'argent… — 4. Si tu veux visiter… et que veuilles emmener tes amis…. — 5. …pourvu que leurs nouveaux voisins soient aimables… — 6. que ton profil puisse… — 7. …où votre adversaire contesterait votre sincérité…., votre avocat devrait…... — 8. …qui ne saurait pas faire des prévisions… n'aurait pas d'impact… — 9. Si tu voulais/veux… et que tu aies un peu de temps ce soir…

Exercice 3 – p. 209

1. voulez. — 2. ferais. — 3. receviez. — 4. ait eu… il serait devenu. — 5. soit effrayée. — 6. tu en serais de ta poche. — 7. connaîtrait, n'aurait. — 8. se démocratise. — 9. n'ayez. — 10. auriez entendu parler de. — 11. soit. — 12. contesterait/conteste. — 13. seriez-vous le seul (il s'agit plutôt d'une concession). — 14. puisse.

Exercice 4

1. …elle s'enrhume pour peu qu'il fasse froid. — 2. …pour peu qu'on soit en retard, on n'a plus de place. — 3. …pour peu que l'enfant veuille jouer avec, ce serait une catastrophe. — 4. …pour peu qu'il y ait un imprévu, cela le met de mauvaise humeur. — 5. …pour peu qu'il y ait un rayon de soleil, elle prend… — 6. …pour peu qu'en été les fenêtres soient ouvertes…. — 7. …pour peu qu'on lui dise quelque chose qui ne lui plaît pas… — 8. …pour peu qu'il ne comprenne pas les explications… — 9. …pour peu qu'ils veuillent accepter… — 10. …pour peu que le conducteur s'assoupisse…

Exercice 5

1. condition. — 2. condition. — 3. souhait. — 4. souhait. — 5. condition. — 6. condition. — 7. souhait. — 8. condition. — 9. condition. — 10. condition.

Exercice 6 – p. 210

1. En cas de maladie… — 2. En cas de non-paiement, votre facture serait majorée… — 3. En cas de vol… — 4. En cas de désistement… — 5. En cas de non-assistance à personne en danger… — 6. En cas de non-intervention d'un pays tiers… — 7. En cas de promulgation de la loi… — 8. En cas de non-réponse de votre part… — 9. En cas de non-recouvrement des sommes avancées… — 10. En cas d'erreur de diagnostic…

Exercice 7

1. hypothèse. — 2. interrogation indirecte. — 3. cause. — 4. conséquence. — 5. concession. — 6. hypothèse. — 7. affirmation. — 8. interrogation. — 9. concession. — 10. affirmation. — 11. opposition.

Exercice 8

1. …à condition que tu en prennes bien soin. — 2. Au cas où tu le verrais… — 3. « Est-ce que cette carte est encore valable ? » — 4. Alors qu'Annette est espiègle… — 5. Mais bien sûr ! — 6. Bien qu'il

ait de bons résultats/alors qu'il a… — 7. …ce n'est pas tellement difficile que ça… — 8. Elle était transie de froid au point de trembler/elle était tellement transie de froid qu'elle… — 9. Quand ils étaient seuls… quand les enfants étaient là… — 10. Je te fais cette remarque parce que je la crois justifiée. — 11. Puisque tu n'avais pas compris, il fallait me le dire.

Exercice 9 – p. 211

1. J'aurais pris un apéritif même si je n'avais pas eu soif. — 2. J'aurais acheté des souliers neufs même si je n'avais pas dû aller à un mariage. — 3. J'aurais lu cet article même si personne ne m'en avait parlé. — 4. Je me serais mis au bridge même si mes amis n'y avaient pas joué. — 5. Je serais allé en Italie même si je n'avais pas aimé la peinture. — 6. J'aurais fait du sport même si je n'avais pas eu d'épreuve d'athlétisme à passer. — 7. J'aurais utilisé la carte bleue même si je n'avais pas eu une billetterie à côté de chez moi. — 8. Je l'aurais révisée même si mon professeur ne me l'avait pas demandé. — 9. J'aurais voulu le voir même si je n'avais rien eu à acheter. — 10. J'aurais mis ce chapeau même si je n'avais pas craint que le soleil ne fût (soit) trop chaud.

Exercice 10

1. …les compagnies d'assurance feraient faillite. — 2. je ferais le tour du monde. — 3. …il sortirait beaucoup plus volontiers. — 4. …il prétendrait être dans un taudis. — 5. …elle serait peut-être devenue une virtuose du clavier. — 6. …je serais un adepte du petit écran. — 7. …il aurait visité Carthage avec eux. — 8. …elle lui aurait aménagé une niche dans le jardin. — 9. …j'y serais allé tout de suite. — 10. …je dévorerais des tas de livres.

Exercice 11

1. Si on m'accusait injustement, je ferais un procès en diffamation. — 2. Si je n'avais rien à manger, j'irais à la « soupe populaire ». — 3. S'il manquait 10 € dans la monnaie qu'on me rend, je le ferais remarquer poliment. — 4. En cas d'incendie, je suivrais à la lettre les consignes de sécurité, sans m'affoler. — 5. Si je n'avais pas trouvé de logement en arrivant, je serais descendu provisoirement à l'hôtel. — 6. Si je devais recevoir un ami de mon pays et que je dusse/et si je devais lui faire visiter une région de France, je le conduirais en Bretagne. — 7. Si je devais rapporter à ma mère un cadeau typiquement français, je choisirais un parfum de Chanel. — 8. Si je devais parler d'un écrivain français, je parlerais sans doute de Molière, de Racine ou de Victor Hugo. — 9. Si je devais parler d'une habitude française qui m'a amusé ou surpris, je parlerais de la manière de se tenir à table, en particulier de l'obligation de ne pas couper une feuille de salade dans son assiette avec un couteau, mais de la plier avec un morceau de pain. — 10. Si je devais préparer un plat typiquement français, je ferais un gratin dauphinois ou une poule au pot.

Exercice 12 – p. 212

Exercice de créativité à faire en classe par petits groupes.
Voici quelques suggestions :

1. Et si c'était toi qui t'étais trompé ?…
   – Admettons !

2. Si je la rencontrais dans le métro, si elle me reconnaissait, si elle me parlait…
   – Arrête, avec des si…

3. J'espère que tu vas me faire un gros cadeau pour mon anniversaire !
   – Et puis quoi encore ?

4. Si on leur téléphonait ?
   – Ce n'est pas le moment.

5. Si je vous proposais une réduction de 150 euros sur le prix dont nous avons parlé, est-ce que vous accepteriez ?

– À la rigueur.

6. Si demain il y avait encore plus de neige qu'est-ce que je ferais?
   – N'y pense pas, un jour à la fois.

7. Si j'oubliais mes clés à l'intérieur de mon appartement…
   – Ce serait la catastrophe.

8. Si la France entière était privée de courant…
   – Ce serait paniquant.

9. Si j'étais reçu premier à mon concours…
   – Avec un peu de chance…

10. Si vous veniez me rejoindre en avion à Madrid…
    – Ce serait vraiment magnifique.

Texte 13

Utilisation classique du conditionnel; c'est ici une sorte de rêve, une vision idéaliste de la vie que nous donne Rousseau.

Texte 14 – p. 213

1. *Les procédés grammaticaux:* emploi fréquent du conditionnel.
Les procédés lexicaux: sont en italique dans le texte qui suit.

2. Les rêves se concrétisent dans le dernier paragraphe. C'est l'utilisation du passé-simple qui montre le passage du rêve à la réalité.

4. La progression dans la pensée puis dans la réalité se traduit par la succession des temps des différents verbes: conditionnel, imparfait, plus-que-parfait, passé-simple.

… *Ils rêvaient* de vivre à la campagne, à l'abri de toute tentation. Leur vie serait *frugale* et *limpide.* Ils auraient *une maison de pierres blanches,* à l'entrée du village, de *chauds pantalons de velours* côtelé, de gros souliers, un anorak, une canne à bout ferré, un chapeau, et ils feraient chaque jour de longues promenades dans les forêts. Puis, ils rentreraient, ils se prépareraient *du thé et des toasts,* comme les Anglais, ils mettraient *de grosses bûches* dans la cheminée; ils poseraient sur le plateau de l'électrophone un quatuor *qu'ils ne se lasseraient jamais d'entendre,* ils liraient *les grands romans qu'ils n'avaient jamais eu le temps de lire, ils recevraient leurs amis.*

Ces échappées champêtres étaient fréquentes, mais elles atteignaient rarement le stade de vrais projets. Deux ou trois fois, il est vrai, ils s'interrogèrent sur les métiers que la campagne pouvait leur offrir: il n'y en avait pas. *L'idée de devenir instituteurs les effleura* un jour, mais ils s'en dégoûtèrent aussitôt, pensant aux classes surchargées, aux journées harassantes. *Ils parlèrent vaguement* de se faire libraires-ambulants, ou d'aller fabriquer des poteries rustiques dans un mas abandonné de Provence. Puis *il leur plut d'imaginer* qu'ils ne vivraient à Paris que trois jours par semaine, y gagnant *de quoi vivre à l'aise le reste du temps,* dans l'Yonne ou dans le Loiret. Mais *ces embryons de départ n'allaient jamais bien loin. Ils n'en envisageaient* jamais les possibilités ou, plutôt les impossibilités, réelles.

Ils rêvaient d'abandonner leur travail, de tout lâcher, de partir à l'aventure. Ils rêvaient *de repartir à zéro,* de tout recommencer sur de nouvelles bases…

L'idée, pourtant, faisait son chemin, s'ancrait lentement en eux. À la mi-septembre, au retour de vacances médiocres gâchées par la pluie et le manque d'argent, leur décision semblait prise. Une annonce parue dans *Le Monde,* aux premiers jours d'octobre, offrait des postes de professeurs en Tunisie. Ils hésitèrent. Ce n'était pas l'occasion idéale — ils avaient rêvé *des Indes, des États-Unis, du Mexique.* Ce n'était qu'une offre médiocre, terre à terre, qui ne promettait ni la fortune ni l'aventure. Ils ne se sentaient pas tentés. Mais ils avaient quelques amis à Tunis, d'anciens camarades de classe, de faculté, et puis la chaleur, la Méditerranée toute bleue, la promesse d'une autre vie, d'un vrai départ, d'un autre travail : ils convinrent de s'inscrire. On les accepta.

Georges Perec
Les Choses, une histoire des années soixante
© Éditions Julliard, 1965

Les emplois du conditionnel

Exercice 1 – p. 216

1. ...qu'elle viendrait me voir... — 2. ...aurait donné... — 3. ...son fils serait très malade, mais ... — 4. ...tu m'aurais caché... — 5. ...qui l'aurait cru ? — 6. Tu serais... je serais... — 7. Nous ne saurions... — 8. ...ne serait-il... — 9. ...qu'il serait... — 10. ...je boirais bien... il y en aurait un.... — 11. ...aurait fait ... ce ne serait pas... — 12. ...qu'il aurait mis les clés...

Exercice 2

1. ...ne le sauriez pas... — 2. ...serait temps... — 3. On dirait... — 4. ...se serait renversé... serait coupée... serait prévue... — 5. ...il y aurait longtemps que nous aurions visité ... — 6. ...ferais l'impossible... — 7. ...serait douteux... serait souriant... — 8. ...je demanderais... — 9. ...serait fermé ... — 10. ...je ne me plaindrais pas...

Exercice 3

1. Pourriez-vous me mettre ces articles de côté. Je n'ai pas assez d'argent. Je voudrais aller en chercher dans un distributeur. — 2. J'aurais dû me renseigner. Je ne savais pas que je devais composter. Pour une fois, pourriez-vous ne pas me donner d'amende ? — 3. Tu aurais dû me le dire ! Tu aurais dû faire appel à moi plus tôt et nous aurions résolu ensemble ton problème. — 4. Tu aurais pu faire attention, ou au moins tu aurais dû donner à réparer mon matériel avant de me le rendre. — 5. Vous auriez dû faire très attention, car je vous avais prévenu que ces négatifs constituaient des documents authentiques très rares et d'une valeur scientifique inestimable. Je ne saurais me satisfaire d'un simple remboursement de la valeur de la pellicule !

Exercice 4 – p. 217 / Valeur des conditionnels

1. Futur dans le passé : pourriez ; retomberais ; pourrais.

2. Action soumise à une condition exprimée ou sous-entendue : sinon il aurait fallu ; (si j'étais resté enfermé) la perspective *était* (= aurait été) redoutable ; je souffrirais tant... je ne l'aurais pas fait ; je ne le pourrais pas ; il faudrait ; je marcherais ; le garantirais-je que je mentirais ; je pourrais partir ; seraient indispensable ; j'aurais des béquilles ; vous me feriez ; vous ne pourriez pas ; je ne serais pas ; il pourrait ; nous verrions ; je vous en aurais.

3. Sens particuliers :
   – la concession ; l'opposition : le garantirais-je que je mentirais ; même si je voulais....je ne le pourrais pas ;
   – la politesse : vous me feriez un si grand plaisir ; vous ne pourriez pas m'opérer ? ;
   – l'atténuation : il faudrait envisager une rééducation.

Révision générale des modes

Exercice 1 – p. 223

1. Il est préférable qu'il nous écrive régulièrement. — 2. Il faut que nous l'informions de la situation. — 3. Il est certain que ce mariage se fera. — 4. Je crois qu'elle réussira. — 5. J'espère qu'elle réussira. — 6. Je doute qu'elle réussisse. — 7. Je me réjouis qu'il vienne avec nous. — 8. Il est probable qu'il partira ce soir. — 9. Il serait bon que tu prennes des précautions. — 10. Cela m'étonnerait qu'il se soit trompé. — 11. Il est peu probable qu'elle ait pris ses précautions. — 12. Il est indispensable que tu me dises la vérité. — 13. Elle désire que tu lui écrives. — 14. Il est rare qu'elle reçoive de la visite. — 15. J'ai constaté qu'il buvait beaucoup. — 16. Je vois qu'il boit beaucoup. — 17. Je sais qu'elle viendra demain. — 18. Nous exigeons qu'elle vienne demain. — 19. Elle a promis qu'elle viendrait demain. — 20. Il n'est pas certain qu'elle vienne demain.

Exercice 2

1. Je regrette qu'il boive beaucoup. — 2. Il est temps que tu prennes du repos. — 3. Je suis désolée de l'avoir vexée. — 4. Il n'est pas nécessaire que tu viennes si tôt. — 5. Il est dommage que tu ne le connaisses pas encore. — 6. Elle désire que vous ne reveniez plus. — 7. Nous sommes furieux d'avoir été trompés. — 8. Nous sommes convaincus d'avoir été trompés. — 9. Cela me fait très plaisir qu'elle revienne bientôt. — 10. Tout le monde souhaite que cet enfant guérisse. — 11. Il est préférable que vous ne le voyiez pas. — 12. Il est heureux d'être le père de trois beaux enfants. — 13. Je regrette qu'il pleuve. — 14. Il est vrai qu'il pleut. — 15. Elle est irritée de ne pas avoir compris la question. — 16. Elle pense qu'il ne réussira jamais. — 17. Il est désolant qu'ils ne puissent pas communiquer. — 18. Je ne crois pas qu'il revienne un jour. — 19. Il est vrai qu'elle doit savoir la vérité. — 20. Il est indispensable qu'elle sache la vérité.

Exercice 3

1. …tu m'écriras. — 2. …que tu viennes… — 3. …qu'il ne pleuve plus. — 4. …que tu es bien joyeux… — 5. …que j'aille le voir. — 6. …devait… — 7. …qu'il ait … — 8. …qui lui permette… — 9. …que nous sortions ou que nous regardions — 10. À supposer qu'il soit… — 11. Je doute qu'il vienne… — 12. …ne sera pas… —13. …aient/aient eu.

Exercice 4

1. …qu'il soit capable … — 2. qu'il soit… — 3. vous fassiez… — 4. …ait connu. — 5. …ayons jamais rencontré? — 6. …devais/aurais dû vous prévenir… — 7. …sachent… — 8. …vous avez fait… — 9. …rentrions … — 10. …que ce soit…

Exercice 5 – p. 224

1. ont eu/… ont/auront… — 2. …que tu ailles… — 3. …va changer. — 4. qu'il est/qu'il serait… — 5. …nous irons … — 6. …est venu : soit venu… — 7. …fasse confiance… — 8. …soit la meilleure. — 9. …ait raison. — 10. …qu'elle soit malade, mais elle se fatigue beaucoup/s'est beaucoup fatiguée.

Exercice 6

1. …vous fassiez… — 2. S'il pleuvait, qu'il fasse froid… — 3. …qu'on l'ait puni… — 4. …tu es/tu sois… — 5. …ne soit pas en retard… — 6. …que vous ayez… que vous ne dépassiez pas… — 7. …que son fils s'inscrive… — 8. …qu'on fasse suivre… mais l'employé de la poste m'a dit qu'il fallait remplir un imprimé… — 9. …pour peu qu'elle soit……. — 10. Si tu voulais …et que le travail ne te fasse pas peur…

Exercice 7

1. …était… — 2. …si tu n'as pas….et que tout travail te paraisse… — 3. …jusqu'à ce que tu viennes… — 4. …qu'on le contredise — 5. …m'a donné… — 6. Si tu dis… fasse le vide… — 7. …règne… sache faire… — 8. Lorsqu'il a des problèmes et qu'il ne peut pas les résoudre comme il veut… — 9. …qu'il n'écrirait pas … — 10. …qu'il en avait assez… que ses parents lui fassent des…

Exercice 8

1. …que vous ne soyez fatigué… — 2. …sans j'aie pu… — 3. …qu'on lui fît… — 4. …que vous me fassiez… — 5. …vienne à découvrir… — 6. …qu'on ait le temps… — 7. …ait disparu… — 8. …l'entourât… — 9. …soit faite … — 10. …puisse se douter que j'étais là… — 11. …qu'il y ait… — 12. …fût/soit… c'était qu'il existât/existe. — 13. …qu'elle paraisse. — 14. …que tu viennes à l'heure pile.

Exercice 9 à 14 – p. 225

Ces exercices étant créatifs, nous n'indiquons ici que le mode qui doit être utilisé.

Exercice 9

1. puisque + *imparfait ou plus-que-parfait*. — 2. bien que + *subjonctif présent*. — 3. dès que + *futur antérieur*. — 4. à condition que + *subjonctif présent*. — 5. tandis que + *imparfait*. — 6. si… + *conditionnel présent ou passé*. — 7. avant que + *subjonctif*. — 8. comme… + *passé composé*. — 9. au cas où + *conditionnel présent*. — 10. que + *passé simple ou passé composé*.

Exercice 10

On utilisera :
– l'*indicatif* pour la phrase 1 ;
– le *subjonctif* pour les phrases 2, 3, 4, 6 ;
– l'*infinitif* pour les phrases 5, 7, 8, 9 et 10.

Exercice 11

On utilisera :
– le *subjonctif* pour les phrases 1, 3, 6, 7, 9 et 10 ;
– l'*indicatif* pour les phrases 2, 4, 5 et 8.

Exercice 12

On utilisera :
– l'*infinitif* pour les phrases 1, 2, 3, 4, 6, 7, 8, 9 et 10 ;
– l'*indicatif* pour la phrase 5.

Exercice 13

On utilisera :
– le *subjonctif* pour les phrases 1, 2, 3, 7 et 9 ;
– l'*indicatif* pour les phrases 4 et 10 ;
– le *conditionnel* pour les phrases 5 et 6 ;
– l'*infinitif* pour la phrase 8.

Exercice 14

1. que + *subjonctif*. — 2. de telle sorte que + *indicatif* ou *subjonctif*. — 3. qui + *subjonctif*. — 4. tout… qu'il + *indicatif*. — 5. pourvu que + *subjonctif présent*. — 6. dans la mesure où + *indicatif*. — 7. avant que + *subjonctif*. — 8. sans que + *subjonctif*. — 9. en raison de + *nom*. — 10. et que + *subjonctif passé*.

Exercice 15 – p. 226

Texte : vous apprécierez la force du subjonctif « vienne ».

Exercice 16 / Cohérence textuelle 1

Les réponses que nous donnons ne sont que des suggestions car ces exercices sont des exercices de créativité et donnent lieu à toutes les réponses possibles.

1. Elle a une alliance au doigt, pourtant... — 2. Tu n'as pas acheté de pain ce matin? — 3. Il se dispute régulièrement avec ses voisins. — 4. Il a hésité longuement avant de se présenter aux élections, finalement il l'a fait en dernière minute... — 5. Elle a eu mal au cœur pendant la séance de cinéma... — 6. J'arroserai vos plantes pendant votre absence, et même... — 7. Il est arrivé ce qui devait arriver... — 8. Nous irons dimanche au cinéma... — 9. Il s'est plaint de tout, du bruit des voisins, du bruit des enfants dans les escaliers... — 10. Il devrait essayer de faire son bilan... — 11. Ce médicament convient bien à votre cas et qui vous fera du bien. Par ailleurs... — 12. Elle n'a pas envoyé son enfant à l'école hier matin... — 13. La grippe peut être mortelle pour tout le monde... — 14. C'est une maladie aux séquelles lourdes... — 15. Ca a coûté cinq cents euros... — 16. Il a un BTS d'informatique... — 17. Il a une hépatite virale... — 18. On peut se retrouver vers 17 heures... — 19. Le massif Central et les Cévennes sont de vieux massifs montagneux... — 20. Je n'étais pas enthousiasmé par son offre de service...

Exercice 17 – p. 227 / Cohérence textuelle 2

1. Dans cette famille, la sœur est insupportable... — 2. Je prendrai un car s'il y en a un à l'heure qui me convient... — 3. Il est nul en français... — 4. Il n'a pas travaillé cette année... — 5. J'ai un empêchement à l'heure de votre mariage... — 6. Non, non il n'y a pas de changements dans les projets... — 7. J'ai cherché partout l'orthographe d'un mot que je croyais français... — 8. On vous livrera votre télévision dans quinze jours... — 9. Je viendrai sûrement dans quelques jours... — 10. C'est une voiture qui a une belle ligne... — 11. J'ai assisté à la première de cette pièce de théâtre... — 12. Il n'a pas pu venir... — 13. C'est un médecin qui fait un peu peur car il est bourru... — 14. Elle a glissé sur le trottoir... — 15. «Tu n'as pas aimé ce film? cela m'étonne... » — 16. Nous avons bien revendu notre moto, à un prix plus élevé que prévu... — 17. Vous aurez une voiture de fonction et tous vos frais d'hôtel payés... — 18. On a eu toutes les preuves pour montrer qu'il n'était pas coupable ; il n'y a pas de procédure ; ainsi l'affaire est sans intérêt. — 19. « On va repeindre la cuisine » —. 20. « Allons en Grèce... »

Les niveaux de langage

Exercice 1 – p. 229

Ces expressions sont des images ou des clichés actuels, ni familiers, ni littéraires.

1. Ça me parle, ça m'intéresse beaucoup. — 2. Ce film est un chef-d'œuvre. — 3. Habile, retors. — 4. Il est rusé. — 5. Il a mal prononcé. — 6. *Métaphore* : le bruit léger des pages qu'on tourne est assimilé à des voix chuchotant. Le livre sera à l'honneur. — 7. Trouver un espace pour déployer son activité. — 8. Une étude très poussée et spécialisée. — 9. Marqué des repères. — 10. C'est une épreuve difficile et pénible.

Exercice 2 – p. 230

1. En français très moderne, très à la mode. — 2. Avait provoqué des réactions en disant que leur opinion lui était complètement indifférente. — 3. C'est le règne de la ruse/de l'hypocrisie. — 4. Un gamin malin qui essaye de se procurer un avantage auquel il n'a pas droit. — 5. C'est de la tromperie.

— 6. Elle bredouillait/prononçait mal. — 7. Elle faisait du bruit. — 8. Je suis allé dans un petit café mal fréquenté. — 9. Un petit train très lent/une vieille voiture. — 10. Il va se faire écraser.

Exercice 3

1. être épuisé. — 2. ne pas avoir de chance. — 3. être un peu fou. — 4. avoir de l'effronterie. — 5. avoir besoin d'être moins contraint, de changer de vie, de métier.... — 6. aller travailler/se battre. — 7. être anxieux ou impatient, dans une situation tendue. — 8. être réprimandé. — 9. aimer recevoir des compliments. — 10. aller en prison.

Exercice 4

Notations
– Éléments grammaticaux : caractéristiques du langage « télégraphique » : suppression de la plupart des verbes. Ceux qui sont exprimés sont au présent. Suppression de quelques pronoms personnels. Localisations rapides dans le temps et dans le lieu. Emploi du style direct.
– Éléments lexicaux : langue assez familière : un type, *dans les* 26 ans, un cou comme si on lui avait tiré dessus, ton pleurnichard.

Récit
– Éléments grammaticaux : emploi du passé simple, du style indirect.
– Éléments lexicaux : changement de registre : le cou *fort* long, *au lieu de* ruban, interpella, prétendant, quelque tailleur compétent

Passé défini
– Éléments grammaticaux : emploi du passé composé.
– Éléments lexicaux : mélange de registres.

Vulgaire
– Éléments grammaticaux : suppression des pronoms personnels traditionnels pour les remplacer par des notations phonétiques imitant la langue parlée populaire (*cf.* la langue utilisée par Queneau dans *Zazie dans le métro*). Suppression des négations.
– Éléments lexicaux : langage populaire voire vulgaire : comme de bien entendu, voilà-ti-pas, un zozo l'air pied, le galurin, qu'il lui fait, passeque, les panards, le bout de gras, ton pardingue.

Exercice 5 – p. 231

Cyrano de Bergerac
Synonymes, paraphrases ou métaphores de « nez » dans ce texte : un roc, un pic, un cap, une péninsule, cette oblongue capsule, écritoire, boîte à ciseaux, perchoir, une cheminée, poids lourd, appendice méritant d'être abrité par un parasol, animal fabuleux, porte-manteau, appendice, la mer Rouge, enseigne pour parfumeur, une conque, un triton, un monument, pignon sur rue, un navet géant, un melon nain, une cible militaire, un gros lot.
Les différents registres de langue sont régulièrement annoncés.

Vocabulaire

Exercice 1 – p. 234

Du moment que/au moment où

1. Du moment qu'il m'a fixé un rendez-vous. — 2. Au moment où tu m'as téléphoné. — 3. Du moment que je t'ai promis.... — 4. Au moment où l'horloge a sonné.

À ce moment/en ce moment

1. A ce moment (là), le Centre Pompidou n'avait pas encore été… — 2. En ce moment, il a un énorme travail … — 3. … ce que cet enfant a en ce moment… — 4. … à ce moment-là, je ne savais pas …

Par moments/pour le moment/dans un moment/un moment

1. Pour le moment il ne sait pas encore… — 2. Par moments, il envisage… — 3. …dans un moment, j'aurai l'esprit plus libre… — 4. Par moments, on voit passer sur son visage… — 5. Pour le moment, laissez-moi tranquille… — 6. Pierre doit arriver dans un moment… — 7. Un moment! Excusez-moi… — 8. Un moment: répétez… — 9. …le docteur va vous recevoir dans un moment.

Exercice 2/Dès/Dès que/Dès lors

1. Dès l'aurore… — 2. Dès lors, il n'accorda plus aucun crédit… — 3. … dès que tu seras rétabli… — 4. Dès lors, les relations…

Exercice 3 / Tant/Si tant est/Tant et si bien

1. Il a tant veillé… — 2. Elle a tant de soucis… — 3. …si tant est qu'il veuille bien. — 4. …tant est si bien que son patron lui a donné… — 5. …si tant est qu'il en ait encore… — 6. …tant et si bien que lorsque la note est arrivée…

Tant de/Tant que p. 235

1. …tant de jours… — 2. …tant que tu voudras… — 3. Tant que tu ne sauras pas si…

Exercice 4/Pour peu que/Il s'en faut de peu

1. Pour peu que tu sois honnête avec toi-même… — 2. Il s'en faut de peu… — 3. … pour peu qu'on ait une minute d'inattention… — 4. Il s'en est fallu de peu que nous nous rencontrions…

Exercice 5

1. *Savoir*: phrases 2 (1er verbe) 4, 6, 8, 10, 11, 13, 15, 17 (1er verbe) et 19. — *Connaître*: phrases 1, 2 (2^e verbe), 3, 5, 7, 9, 12, 14, 16, 17 (2^e verbe), 18 et 20.

2. *Revenir*: phrases 1, 4, 6, 9, 12, 15, 17 et 19. — *Retourner*: phrases 2, 3, 5, 7, 9, 11, 14, et 18. — *Rentrer*: phrases 1, 6, 8, 10, 12, 13, 16 et 20.

3. *Mener*: phrases 7, 11, 14 et 18. — *Amener*: phrases 10, 14 et 15. — *Emmener*: phrases 2 et 20. — *Ramener*: phrases 5 et 12. — *Porter*: phrases 1, 8 et 17. — *Apporter*: phrases 6 et 13. — *Emporter*: phrases 4, 9 et 16. — *Rapporter*: phrases 3, 6 et 19.

Exercice 6 – p. 236 / Dire et ses composés
a)

1. – Tu le sais que je t'aime!
   – Mais redis-le moi encore.

2. La voyante lui avait prédit…

3. (Au tribunal) Jurez de dire toute la vérité….

4. …ils ont dû se dédire.

5. Elle a maudit la guerre…

6. Les enfants ont tendance à contredire tout le monde…

7. Nos voisins passent leur temps à médire sur les jeunes du 3e.

b)

1. Il s'est absenté, *soi-disant* pour une affaire urgente.

2. Désormais tu peux compter sur mon aide, *cela va sans dire.*

3. *À vrai dire*, je n'y avais pas pensé.

4. Elle se moque complètement du *qu'en dira-t-on.*

5. je ne le sais que *par ouï-dire.*

6. …des pommes de terre en robe de chambre *c'est-à-dire* bouillies avec leur peau.

7. …*soit dit en passant,* je partage ton point de vue.

8. Il ne faut jamais écouter tous *les on-dit.*

Exercice 7 / Poser et ses composés

1. C'est à cette occasion que fut *posée* la première pierre.

2. Le maire a *apposé* sa signature…

3. Elle avait *composé* son menu…

4. Le général a *déposé* une gerbe…

5. Nous allons *décomposer* ce nombre…

6. Vous pouvez *disposer* de votre après-midi.

7. N'êtes-vous pas *indisposé* par les odeurs du chlore?

8. Le milieu artistique l'avait *prédisposé(e)* au choix d'une profession musicale.

9. Vous pouvez *entreposer* vos meubles…

10. Il a *exposé* le sujet…

11. Je ne voudrais pas vous *imposer* mon point de vue.

12. Il s'est *interposé* pour les séparer.

13. Dans ce texte, les phrases sont simplement *juxtaposées.*

14. Il ne se démonta pas et *opposa* à ses interlocuteurs…

15. Il faudra *préposer* quelqu'un…

16. Je vous *proposerais* bien de venir dormir à la maison…

17. Si vous avez mal, vous pouvez *reposer* votre jambe…

18. Je *suppose* que vous êtes conscient…

19. …. ils ont mis des lits *superposés.*

20. Dans ce film, il a *transposé* l'intrigue dans notre époque.

Exercice 8 – p. 237 / Porter et ses composés

1. Tu as pensé à *emporter* un vêtement chaud?

2. …vous me *rapporterez* de bonnes nouvelles!

3. Les livreurs n'utilisaient un *triporteur* que pour les marchandises…

4. …c'est *insupportable*!

5. Le blessé a été *transporté* en ambulance.

6. La France *importe* son pétrole…

7. …il a pris son ordinateur *portable.*

8. Cette règle ne *comporte* aucune exception.

9. Il *se porte* à merveille.

10. C'est parce qu'elle n'arrivait plus à *supporter*…

11. Parmi les personnes qui avaient été *déportées*…

12. C'est lui qui t'a *apporté* ces fleurs?

13. Notre pays *exporte* des produits agricoles…

14. Jette cette jupe, elle n'est plus *portable.*

15. Elle avait *reporté* toute son affection sur cet animal.

16. …elle passe son temps à colporter des histoires sur tout le monde.

17. Les skieurs qui ont un accident en haut des pistes sont le plus souvent *héliportés*.

18. Autrefois, dans les villages, des *colporteurs.*

Exercice 9

Attention : ne confondez pas

1. Son chagrin est tout à fait *compréhensible*. — 2. …elle était si *compréhensive*. — 3. L'écriture de ce texte me paraît *compréhensible*. — 4. Mes parents sont *compréhensifs*.

1. Dans la *conjoncture* actuelle… — 2. Il s'est perdu en *conjectures*… — 3. Ma *conjecture* s'est révélée fondée. — 4. …au gré de la *conjoncture*.

1. …permet d'*évoquer* des souvenirs. — 2. …d'*évoquer* le passé. — 3. …il a *invoqué* des précédents. — 4. *invoqueé* des circonstances… — 5. Il a *invoqué* ses grands dieux…

1. Elle fait souvent preuve de *largeur* d'esprit. — 2. …est un signe de *largeur* d'idées. — 3. …avec une *largesse* parfois excessive. — 4. …avec *largesse*.

1. …tous ceux qui sont *opprimés*. — 2. J'étais *oppressé* par l'angoisse. — 3. …tout le monde était *oppressé*. — 4. …un dictateur qui *opprime*…

1. J'ai une *suggestion* à te faire… — 2. …est une véritable *sujétion*. — 3. …de vos *suggestions*. — 4. …une totale *sujétion*.

1. …de nombreuses *acceptions*. — 2. L'*acceptation* de sa maladie… — 3. …dans toutes les *acceptions* du terme. — 4. L'*acceptation* de votre dossier…

1. …une *prolongation* de son congé… — 2. Les travaux de *prolongement*… — 3. J'ignore les *prolongements* de cette affaire. — 4. Il a obtenu une *prolongation*…

1. …par l'*inclinaison* de la rue. — 2. …une petite *inclinaison* de la tête. — 3. …une tendre *inclination* pour son cousin. — 4. Ce mur prend une *inclinaison*…

1. …un *accident* de voiture. — 2. …par *accident*… — 3. …sans *incident*… — 4. …un *incident* technique…

1. …obligatoirement *partial*. — 2. …trop *partial*… — 3. …mes connaissances sont trop *partielles*… — 4. …une éclipse *partielle*…

1. …une robe très *originale*… — 2. …sur l'édition *originale*… — 3. …sa couleur *originelle*.

1. …en temps *opportun*… — 2. …il m'a paru *opportun*… — 3. …éviter les *importuns*… — 4. …peur d'être *importun*.

1. …des milliers de *tracts*… — 2. …paralysée par le *trac* — 3. …un *tract* du P.C. — 4. …tant il avait le *trac*…

1. Les *éminents* professeurs… — 2. …l'arrivée *imminente*… — 3. …d'*éminents* services… — 4. …une catastrophe *imminente*.

1. …pour *infraction* au code… — 2. …cambriolage par *effraction*. — 3. …aucune *infraction*… — 4. …l'*effraction* des coffres.

1. …une *irruption* de manifestants… — 2. …en *éruption*. — 3. …il a fait *irruption*… — 4. …une *éruption* de boutons. — 5. L'*irruption* des eaux…

1. …comme *immigrants*… — 2. …d'*immigrés*… — 3. …l'assimilation des *immigrés*… — 4. …à un *émigré* ?

1. …une *allocation* de chômage. — 2. …une *allocution* de bienvenue. — 3. …des *allocations* familiales… — 4. …une *allocution* du Premier ministre.

1. …un *différend* avec… — 2. …sont totalement *différents*. — 3. …son *différend*… — 4. *différent* chez lui…

1. …non sans *réticence*. — 2. …une *résistance* hostile. — 3. …des *réticences*. — 4. …une bonne *résistance*.

1. …*une hypothèque* sur… — 2. …c'est une *hypothèque* que je prends… — 3. Dans l'*hypothèse* où… — 4. C'est une *hypothèse* qui n'est pas à écarter…

Exercice 10 – p. 240

Même exercice

1. Elle travaille *bien que* son mari…
2. …elle travaille *aussi bien* que son mari.
3. …*si bien qu*'elle ne peut pas aller au théâtre.
4. …elle a répondu *bien qu*'il ne se soit pas adressé à elle.
5. Elle travaille *si bien que* son patron…
6. …il dessine *aussi bien que* le faisait son père.
7. …il a répondu *si bien que* tout le monde était étonné.
8. De plus, il a *si bien* répondu *que* personne n'a osé…
9. Pendant le débat, aucun participant n'a répondu *aussi bien* que lui.
10. Elle est allée se promener dans la campagne *bien qu*'il neige.
11. Je ne serai jamais capable de peindre *aussi bien que* toi.
12. Elle est allée se promener dans la neige… *si bien qu*'elle a pris froid.
13. Moi aussi *bien qu*'elle les vende très cher.
14. Ce mécano m'a *si bien* réparé ma voiture qu'elle est comme neuve.
15. …*si bien que* je n'ai plus envie de changer de voiture.
16. Il a décidé d'adhérer à ce mouvement *bien qu*'il n'en partage pas…
17. Un manège s'est installé sous leurs fenêtres *si bien qu*'ils entendent de la musique…
18. Ils étaient *si bien* installés *qu*'ils n'avaient plus envie de partir en vacances.

SOMMAIRE

Quelques « coquilles » nous ont échappé dans le livre (édition 2002). Veuillez lire :

p. 24 Ex. 3-10 : Jeux olympiques

p. 46 Ex. 6-1 : mont Blanc

p. 62 Ex. 2-5 : sur-le-champ

p. 95 Ex. 1-4 : le douanier

p. 97 Ex. 2-14 : un Arabe

p. 111 Ex. 17 11e ligne : par dessus

p. 119 Ex. 4-10 : ramasser : fam. pour cueillir

p. 173 Ex. 11 : La Bruyère, Caractères

p. 179 Ex. 7-2 : Explique-le lui

p. 190 Texte 13 : 14

p. 223 Ex. 3-10 : 3-9

p. 225 Ex. 12-1 : je redoute

p. 227 Ex. 16-17 : c'est-à-dire

p. 230 Ex. 3-7 : sur le gril

Errata au livre L'expression française écrite et orale
p. 138-139

❷ Style indirect

Ex. : Martine précisa alors qu'elle ne partirait que quelques jours et qu'elle reviendrait avec ses amis.
Le message est rapporté au **style indirect**.

1. Le verbe introducteur précède obligatoirement le message qui devient une complétive. Attention : tous les verbes introducteurs d'un message au style direct ne peuvent être utilisés au style indirect.
Ex. : « Mais vous, vous seriez d'accord pour le laisser partir ? », reprit-il.
Transformation impossible. « Il reprit que » ne se dit pas.

2. Les verbes introducteurs sont nombreux en français; parmi les plus courants :
dire, affirmer, expliquer, exprimer, assurer, répéter, conseiller, répondre, rétorquer, répliquer, objecter, ordonner, etc.
Voir dans l'expression de la pensée (page 145) une analyse plus détaillée de ces verbes

3. Le mode de subordination dépendra de la nature du message (assertion, question, ordre)
Ex. : Elle a téléphoné qu'elle serait en retard.
Il lui a demandé de venir plus tard.
Il ne savait pas si la grève aurait lieu, etc.

4. Le passage du style direct au style indirect entraîne des modifications importantes du message initial.

a) les pronoms personnels et les adjectifs possessifs.
(Le changement dépendra de l'énonciateur et du récepteur)
Ex. : L'élève dit à sa voisine : « Je vais me servir de ton livre ; j'ai oublié le mien ». L'élève dit à sa voisine qu'il va se servir de son livre, qu'il a oublié le sien.

b) les adverbes ou adjectifs de temps et de lieu (si le verbe introducteur est au passé) ;

hier	→ la veille
avant-hier	→ l'avant-veille
aujourd'hui	→ ce jour-là
maintenant, en ce moment	→ à ce moment-là, alors
demain	→ le lendemain
après-demain	→ le surlendemain
lundi dernier	→ le lundi précédent, le lundi d'avant
lundi prochain	→ le lundi suivant, d'après
ici	→ là
dans 3 jours	→ 3 jours après, 3 jours plus tard
Il y a 2 jours	→ 2 jours auparavant

c) Le mode
L'impératif est remplacé le plus souvent par le subjonctif, par l'infinitif ou par des auxiliaires modaux : devoir ou falloir.
Ex. : Pierre à ses amis : « Aidez-moi ».
Il a dit   qu'on l'aide
qu'on devait l'aider
qu'il fallait l'aider
Il leur a demandé de l'aider.

d) Les temps

■ Si le verbe introducteur est au présent, à l'impératif, au futur ou au conditionnel présent : pas de changement du message initial.

■ Si le verbe introducteur est au passé, le verbe du message initial va, le plus souvent, changer de temps.

Verbe du message initial	Verbe au style direct
présent *Ex.* : Il disait : « J'ai faim »	*imparfait* Il disait qu'il avait faim.
imparfait *Ex.* : Il a dit : « tu avais une jolie robe, hier. »	*imparfait ou plus-que-parfait* Il a dit qu'elle avait une jolie robe, la veille.
passé composé *Ex.* : Il a crié : « j'ai réussi à mon examen. »	*plus-que-parfait* Il a crié qu'il avait réussi à son examen.
passé simple *Ex.* : Il pensa : « ce fut une belle soirée. »	*passé simple* Il pensa que ce fut une belle soirée.
plus-que-parfait *Ex.* : Elle a dit : « J'avais tout préparé pour que nous puissions partir tôt. »	*plus-que-parfait* Elle a dit qu'elle avait tout préparé pour qu'ils puissent partir tôt.
futur *Ex.* : Elle lui a demandé : « Pourras-tu m'accompagner à la gare ? »	*conditionnel présent* Elle lui a demandé s'il pourrait l'accompagner à la gare.
futur antérieur *Ex.* : L'employé déclara : « J'aurai fini mon travail avant deux jours. »	*conditionnel passé* L'employé déclara qu'il aurait fini son travail avant deux jours.
conditionnel (présent et passé) *Ex.* : Elle a dit : « Je ferais bien une petite promenade. »	*conditionnel présent et passé* Elle a dit qu'elle ferait bien une petite promenade.

Remarque : un verbe exprimant une vérité générale ou permanente (présent) n'est pas modifié au style indirect.
Ex. : Il a dit que le soleil se lève à l'est.

5. Lorsque le discours rapporté, au style indirect, devient un discours journalistique ou romanesque, il demande une recherche lexicale très précise des verbes introducteurs pour traduire de la façon la plus fidèle la pensée du locuteur et sa situation par rapport au récepteur. (cf. *Le Qu'en dira-t-on*. H. Gauvenet Didier). De plus un accompagnement d'adverbes ou de compléments circonstanciels sera nécessaire pour restituer tout le contexte intonatif, gestuel ou affectif du message oral.

❸ Style indirect libre

Ex. : Elle leur donna quelques précisions ; elle ne partirait que quelques jours et reviendrait avec ses amis.

C'est un procédé mixte qui présente certains aspects du style indirect (changements de pronoms, de possessifs, de temps et d'adverbes de temps) et d'autres du style direct (ponctuation et interjections). Il se caractérise par l'absence de subordonnant et par la présence facultative d'un verbe introducteur. Il est réservé à l'écrit littéraire. Il est souvent moins lourd que le style indirect et a l'avantage de ne pas interrompre le récit auquel il s'intègre insensiblement.